PROGRAMMAZIONE

SERVER SIDE SOFTWARE

Sommario

PROGRAMMAZIONE SERVER SIDE

SOFTWARE 1

PHP 8 8

Capitolo 1: Introduzione 9

   Cos'è PHP? 9

   I punti di forza di PHP 14

Capitolo 2: Tipi di dati 23

   Boolean 27

   Integer 30

   Float / Double 34

   String 38

   Array 41

   Oggetti 43

Capitolo 3: Variabili e costanti 46

Capitolo 4: Operatori logici e operatori aritmetici... 49

Operatori logici 49

Operatori di confronto............................. 55

Operatori aritmetici 61

Capitolo 5: Strutture di controllo e cicli....... 66

If 67

Else 68

Switch.. 69

For 73

Foreach 75

While 77

Capitolo 6: Le espressioni regolari............. 80

Cosa sono 80

Validazione REGEX 82

Capitolo 7: Lavorare con le stringhe 89

Stampare le stringhe 89

Concatenare le stringhe 91

Funzionalità base 93

Data e ora 97

date 97

Time 102

Strtotime 103

Capitolo 9: Lavorare con gli array 105

Funzionalità base 110

Ordinare gli array 115

Capitolo 10: PHP e MySQL 117

Mysqli 122

Apertura e chiusura della connessione 123

Come eseguire le query SQL 128

Il fetching dei risultati 137

Capitolo 11: PHP e HTML 146

Come stampare le variabili in HTML 155

Cicli PHP in HTML 160

MySQL 165

Capitolo 1: Introduzione a MySQL 166

Cos'è MySQL? 166

I punti di forza di MySQL? 170

Capitolo 2: Primi passi 174

Come installare XAMPP 175

PHPMyAdmin per la gestione del DB... 182

Siamo pronti per partire 188

Capitolo 3: Concetti base dei DB relazionali

.... 190

Il modello Entità – Relazione 200

Riga o colonna? 212

Entità o relazione? 214

Schemi 216

Capitolo 4: Il mio primo database 218

Creare il DB 219

Creazione delle tabelle 226

Tipi di dati 234

Charsets 259

Capitolo 5: Il linguaggio SQL di base 263

SELECT 263

UPDATE 267

DELETE 270

Capitolo 6: Aggiungere condizioni 273

WHERE 273

Capitolo 8: Limitare i risultati 279

LIMIT 279

Capitolo 9: Combinare più tabelle 281

JOIN 281

Capitolo 10: Ordinare i risultati 285

ORDER BY 285

Capitolo 11: MySQL & PHP 289

La classe mysqli 292

Apertura e chiusura della connessione 293

Eseguire le query SQL 297

Il fetching dei risultati.......................... 302

Conclusione 306

PHP 8

Capitolo 1: Introduzione

Cos'è PHP?

PHP è un linguaggio lato server. Questo concetto può essere un po' difficile da comprendere, soprattutto se in qualità di sviluppatore hai progettato solo siti web utilizzando linguaggi lato client come HTML, CSS e JavaScript.

Un linguaggio lato server è simile a JavaScript in quanto consente di incorporare piccoli programmi (script) nel codice HTML di una pagina web. Quando vengono eseguiti, questi programmi offrono un controllo maggiore su ciò che appare nella finestra del browser rispetto a quello che il solo HTML può fornire.

La differenza fondamentale tra JavaScript e PHP è la fase di caricamento della pagina Web in cui vengono eseguiti tali programmi.

I linguaggi lato client come JavaScript vengono letti ed eseguiti dal browser Web dopo aver scaricato la pagina Web dal server Web. Al contrario, i linguaggi lato server come PHP vengono eseguiti dal server web, prima di inviare la pagina web al browser.

Mentre i linguaggi lato client ti danno il controllo su come si comporta una pagina una volta visualizzata dal browser, i linguaggi lato server ti consentono di generare pagine personalizzate al volo prima ancora che vengano inviate al browser. Una volta che il server web ha eseguito il codice PHP incorporato in una pagina web, il risultato prende il posto del codice PHP nella pagina.

Tutto ciò che il browser vede è codice HTML standard quando riceve la pagina, da cui il nome "linguaggio lato server".

```html
<!DOCTYPE html>
<html lang="it">
<head>
    <meta charset="utf-8">
    <title>Data odierna</title>
</head>
<body>
    <p>La data di oggi (secondo il
server Web) è
        <?php
        echo date('l, F jS Y.');
        ?>
    </p>
</body>
</html>
```

La maggior parte di questo è semplice codice HTML ad esclusione delle righe tra `<?php` e `?>` dove è compreso del codice PHP. `<?php` segna l'inizio di uno script PHP incorporato nel codice HTML mentre `?>` ne segna la fine. Al server Web viene chiesto di interpretare tutto ciò che si trova tra questi due delimitatori e di convertirlo in un normale codice HTML prima di inviare la pagina Web al browser che ne ha fatto richiesta. Il browser si presenta con quanto segue:

```html
<!DOCTYPE html>
<html lang="it">
<head>
    <meta charset="utf-8">
    <title>Data odierna</title>
</head>
<body>
    <p>La data di oggi (secondo il
server Web) is è
        Lunedì, 28 Dicembre 2020.
    </p>
</body>
</html>
```

Come puoi intuire PHP è un linguaggio molto potente e molto usato infatti è al centro del più grande sistema di blog sul web (WordPress), è usato per gestire uno dei più grandi social network del mondo (Facebook) e, soprattutto, è anche abbastanza facile da usare come primo linguaggio lato server per un principiante.

In un file PHP potrai trovare testo, codice HTML, CSS, JavaScript così come codice PHP. Ogni file valido per PHP deve avere come estensione ".php" per poter essere validato.

Ricapitolando, con PHP puoi:

- Generare contenuti di pagine dinamiche;
- Creare, aprire, leggere, scrivere e modificare i file presenti sul server;
- Raccogliere ed elaborare i dati dei form;
- Utilizzare i cookie;
- Aggiungere, modificare o eliminare dati dal database;
- Controllare l'accesso degli utenti;
- Crittografare i dati.

I punti di forza di PHP

PHP è uno dei linguaggi di scripting lato server più ammirati e più popolari per la creazione di siti Web. Con una curva di apprendimento bassa, offrendo sicurezza ed efficienza, PHP è diventato la scelta preferita degli sviluppatori di siti web. A causa dei numerosi vantaggi di questo linguaggio di scripting, molte famose aziende come Facebook, Yahoo, Wikipedia, Flickr ecc. utilizzano questo linguaggio di scripting, contribuendo al suo sviluppo. In questo sottocapitolo, vediamo i punti di forza di PHP.

* Semplicità

Con PHP, la fase di codifica è molto semplice, è come scrivere un saggio per un computer, tranne per il fatto che il saggio è un pezzo di codice che lo istruisce a creare ed eseguire siti Web nel modo più efficiente possibile. Creare un codice in PHP è semplice e, sebbene alcuni sviluppatori si lamentino del fatto che non crea le necessarie abitudini di codifica (non segue alcuni standard), consente al codice di essere altamente personalizzato e quindi più facile da proteggere.

- Open-source

Oltre a questo, PHP è un linguaggio open-source e gratuito, facile da usare e ha un'incredibile quantità di documentazione disponibile, rendendolo il metodo più conveniente per creare siti Web robusti ed affidabili. Inoltre, PHP riduce le barriere per i nuovi sviluppatori di siti Web, consentendo loro di sfruttare semplicemente le proprie capacità e affiancandosi in modo semplice ai principianti.

- Integrato con CMS

L'ultima (e recente) tendenza verso contenuti adattivi ha reso la personalizzazione del CMS (Content Management System) un'esigenza competitiva cruciale per le aziende. Un contenuto adattivo è un contenuto personalizzato per il singolo visitatore del sito Web (utilizzando l'accesso o la cronologia dei visitatori) per creare un'esperienza one-to-one per i visitatori. Ciò è possibile solo se il codice del sito web può essere personalizzato e integrato con il CMS.

PHP consente agli sviluppatori di siti web di trasformarli a loro piacimento. Tutti i siti Web PHP sono completamente personalizzabili e possono essere trasformati per soddisfare le esigenze dei clienti con facilità perché i sistemi di gestione dei contenuti come WordPress, Drupal, Joomla e molti altri sono principalmente basati su PHP. Quindi, lo sviluppo o l'integrazione di una soluzione CMS personalizzata con il tuo sito web è molto più semplice.

- Versatilità

Un codice creato in PHP può essere eseguito su tutte le principali piattaforme, consentendo allo sviluppatore di integrare perfettamente il sito Web su più piattaforme. Ciò consente all'azienda di sfruttare in modo conveniente tutta l'infrastruttura esistente, sfruttando piattaforme diverse come Windows, Unix e Linux, con la possibilità di interfacciare il proprio sito Web con MySQL (come vedremo nel capitolo 11) e Apache.

- Scalabilità

Facebook, la piattaforma di social media più grande e potente, utilizza codice scritto in PHP. Facebook ha persino creato un linguaggio derivato da PHP, chiamato "Hack" per soddisfare le nuove esigenze per la gestione dei contenuti. Questo mostra il livello di flessibilità, robustezza e soprattutto scalabilità che è proprio di PHP. Rispetto ad altri linguaggi, il più grande vantaggio di PHP è che il codice del sito web può essere aggiornato senza richiedere il riavvio del server!

- Estensibilità

PHP è uno dei linguaggi più scalabili per lo sviluppo di siti web. Essendo un linguaggio open-source, la sua famiglia di sviluppatori online è continuamente coinvolta nello sviluppo di estensioni per soddisfare i nuovi requisiti delle aziende. Ciò consente agli sviluppatori e alle aziende di sviluppare e aggiungere facilmente nuove funzionalità e caratteristiche al proprio sito Web in modo semplice e veloce. L'ultima tendenza nel campo dei contenuti adattivi consiste nel rendere i siti Web reattivi, creando notevole interesse per i sistemi con griglia fluida. In questo contesto, HTML5 è lo standard di settore indiscusso per lo sviluppo di siti Web altamente dinamici e reattivi. È qui che PHP emerge come linguaggio che consente al suo codice di essere facilmente incorporato nell'HTML. Gli sviluppatori possono convertire facilmente il codice del sito web statico esistente in uno completamente nuovo dinamico aggiungendo il loro codice PHP in HTML.

- Comunità

Questo è un corollario del fatto che PHP è un linguaggio open-source. Il linguaggio stesso ha una comunità vasta e in continua crescita di sviluppatori ed esperti professionisti, desiderosi di supportare i principianti e coinvolti nell'affrontare continuamente nuovi problemi e nuove sfide del Web. Inoltre, considerata la popolarità del linguaggio, gli sviluppatori sono tenuti a offrire prezzi altamente competitivi.

- Libreria standard

Ciò che differenzia un buon linguaggio di programmazione da uno eccezionale è l'estensione della sua libreria standard. Le librerie svolgono un ruolo cruciale nel semplificare e accelerare la capacità di elaborazione dei dati del linguaggio. Dato che i visitatori online trascorrono non più di 5 secondi per pagina web mentre navigano (nella prima fase di "ricerca"), il tempo di caricamento del sito web gioca un ruolo cruciale nel mantenerli coinvolti nel sito web. PHP offre un ampio supporto la gestione di HTTP, espressioni regolari, analisi degli URL e driver di database, per citarne solo alcuni. È vero che la libreria è incoerente, ma la comunità offre un notevole supporto!

- Prestazioni eccezionali

PHP migliora la velocità di sviluppo tanto quanto la velocità di esecuzione. Operando su uno stack web convenzionale, PHP sfrutta il server web Apache e consente alle applicazioni di sfruttare i database MySQL, consentendo agli sviluppatori di creare soluzioni one-stop su misura per la presenza online.

Il turnaround time è uno dei fattori più importanti che migliorano le prestazioni di qualsiasi sito web e PHP offre un turnaround molto basso. L'ampia libreria standard, una vasta gamma di estensioni, funzionalità multipiattaforma, perfetta integrazione e personalizzazione di vari CMS e capacità di incorporamento consentono agli sviluppatori esperti di offrire tempi di consegna eccezionalmente rapidi a tariffe competitive. Inoltre, qualsiasi sito Web sviluppato utilizzando PHP ha funzionalità di elaborazione dei dati più veloci e risulta compatibile con tutti i sistemi operativi come Windows, UNIX e così via.

- Diversi framework

PHP è in grado di fornire tempi di consegna eccezionalmente rapidi perché dispone di una famiglia sufficientemente ampia di framework PHP. Si tratta di Zend e Yii a livello aziendale, Laravel e Sympfony a tutto tondo, così come gli ottimizzatori di prestazioni Phalcon e PHPixie per progetti di applicazioni veloci o Code Igniter per quelli più robusti.

Capitolo 2: Tipi di dati

La sintassi PHP sarà molto familiare a chiunque abbia già usato JavaScript, C, C++, C#, Objective-C, Java, Perl o qualsiasi altro linguaggio derivato dal C. Ma se questi linguaggi non ti sono familiari o se sei nuovo nella programmazione in generale, non devi preoccuparti.

Uno script PHP è costituito da una serie di comandi o istruzioni. Ogni riga è un'istruzione che deve essere eseguita dal server Web prima che possa procedere all'istruzione successiva. Le istruzioni PHP, come quelle nei suddetti linguaggi, sono sempre terminate da un punto e virgola (;).

```html
<!DOCTYPE html>
<html lang="it">
<head>
    <meta charset="utf-8">
    <title>Data odierna</title>
```

```html
</head>
<body>
    <p>La data di oggi (secondo il
server Web) è
        <?php
        echo date('l, F jS Y.');
        ?>
    </p>
</body>
</html>
```

Nell'esempio precedente, invece di dare a `echo` una semplice stringa di testo in output, abbiamo richiamato una funzione incorporata `date`, passando una stringa di testo: `'l, F jS Y.'`. Puoi pensare alle funzioni integrate come attività che PHP sa come eseguire senza che tu debba specificarne i dettagli. PHP dispone di molte funzioni integrate che ti consentono di fare qualsiasi cosa, dall'invio di e-mail alla gestione delle informazioni memorizzate in vari tipi di database.

Quando si richiama una funzione in PHP, ovvero le si chiede di svolgere il proprio lavoro, si dice che si sta "chiamando" o "invocando" quella funzione. La maggior parte delle funzioni restituisce un valore quando vengono chiamate e PHP quindi si comporta come se avessi effettivamente appena digitato il valore restituito invece nel tuo codice.

In questo caso, la nostra istruzione `echo` contiene una chiamata alla funzione `date`, che restituisce la data corrente come stringa di testo. L'istruzione `echo` quindi restituisce il valore restituito dalla chiamata alla funzione. Potresti chiederti perché abbiamo bisogno di racchiudere la stringa di testo con entrambe le parentesi `((...))` e le virgolette singole `('...')`. Come in SQL, le virgolette sono usate in PHP per contrassegnare l'inizio e la fine delle stringhe di testo, quindi ha senso che siano lì. Le parentesi servono a due scopi: innanzitutto, indicano che la data è una funzione che vuoi chiamare, inoltre, segnano l'inizio e la fine di un elenco di argomenti che si desidera fornire, al fine di indicare alla funzione cosa si vuole che faccia. Nel caso della funzione `date`, è necessario fornire una stringa di testo che descrive il formato in cui desideri che appaia la data.

Questa premessa è propedeutica per conoscere meglio le basi di PHP e per introdurre i tipi di dati. Ogni funzione può restituire un tipo di dato diverso, pertanto, è fondamentale conoscerli e saperli usare:

- Boolean
- Integer
- Float / Double
- String
- Array
- Oggetti

Boolean

Boolean è un tipo di dati che viene utilizzato nella maggior parte dei linguaggi di programmazione per computer come Java, Python, C, PHP, ecc. È un tipo di dati che ha uno o due valori possibili (vero o falso) e ha lo scopo di rappresentare i due valori di verità della logica e dell'algebra booleana. A seconda delle condizioni, imposterà il suo valore come 1 (vero) o 0 (falso). Questo tipo di dati viene utilizzato da molti linguaggi di programmazione per verificare se una condizione è soddisfatta e, in tal caso, eseguire delle istruzioni.

In PHP, il tipo di dati booleano viene utilizzato per impostare i valori delle variabili e viene utilizzato principalmente per istruzioni condizionali come `if`, `while`, `for`, `switch`, ecc.

Questi comandi condizionali e iterativi sono principalmente definiti per testare queste espressioni con valori booleani.

Boolean è uno dei tipi di dati scalari in PHP. Un dato booleano può essere `TRUE` o `FALSE` quindi vero o falso. Questi valori sono delle costanti predefinite in PHP e una variabile diventa una variabile booleana quando le viene assegnato il valore `TRUE` o `FALSE`.

```php
<?php
// Assegnazione del valore booleano TRUE
alla variabile
$var = TRUE;
?>
```

Ricorda che il risultato della funzione `echo` con valore `TRUE` restituisce 1 mentre per `FALSE` non restituisce nulla. Le costanti booleane non fanno distinzione tra maiuscole e minuscole. Ciò significa che `TRUE` è equivalente a `true` e `FALSE` è simile a `False`.

Qualsiasi tipo di dati può essere convertito in modo esplicito in booleano con l'aiuto dell'operatore di casting `(bool)` o `(boolean)`, sebbene, la maggior parte delle volte, la conversione venga eseguita in modo automatico quando richiesto.

Integer

Prima di iniziare a parlare di Integer in PHP come tipo di dati, capiamo prima il termine Integer. Un Integer è un tipo di dati, un tipo di variabile che contiene un valore numerico completo. Numeri completi (o interi) come -1, 23, 343, -23, -50 ecc. Integer può essere positivo, negativo così come può essere zero. Quasi tutti i linguaggi di programmazione come C, JAVA e C++ supportano interi con funzionalità complete. Ma, nel linguaggio PHP, nel momento in cui assegniamo un valore Integer a qualsiasi variabile, può essere considerato come un tipo di dati intero. Poiché PHP è un linguaggio di programmazione abbastanza permissivo, non è necessario dichiarare alcuna variabile con il tipo di dati specificato prima di utilizzarlo. I numeri interi possono essere utilizzati direttamente in PHP al momento dell'assegnazione. Per gestire i valori numerici esiste un tipo di dati appropriato in quasi tutti i linguaggi di programmazione.

In PHP, Integer è un tipo di dati scalare che rappresenta una costante numerica ovvero un numero intero senza alcuna parte frazionaria. PHP consente di esprimere un intero in un sistema numerico decimale, esadecimale, ottale o binario anteponendo il simbolo appropriato. Per impostazione predefinita, Integer viene assunto in notazione decimale mentre per il sistema numerico esadecimale, ottale e binario, si usano rispettivamente 0x, 0 e 0b in forma prefissa.

```php
<?php
// Assegnazione di un valore intero alla
variabile
$var = 252;       // Decimale
$var1 = 045;      // Ottale
$var2 = oxB2;     // Esadecimale
$var3 = 0b1001;   // Binario
?>
```

Per una migliore leggibilità, il valore Integer può utilizzare "_" come simbolo di separazione che verrà omesso dallo scanner PHP durante l'elaborazione.

```php
<?php
$var=48_795; // verrà trattato come 48795
?>
```

Poiché esistono diverse versioni di PHP, è importante sapere che l'uso del simbolo "_" è consentito dalla versione PHP 7.40.

```php
<?php
$var=10;
echo "Decimale: " . $var ."\n";

//Ottale
$var1=012;
echo "Ottale: " . $var1 ."\n";

//Esadecimale
$var2=0xa;
echo "Esadecimale: " . $var2 . "\n";

//Binario
$var3=0b1010;
echo "Binario: " . $var3;
?>
```

Il risultato di questo codice sarà:

```
Decimale: 10
Ottale: 10
Esadecimale: 10
Binario: 10
```

Float / Double

In PHP, il tipo di dati Float viene utilizzato per impostare valori frazionari. Un float è un numero con un punto decimale e può anche essere esteso in forma esponenziale, pertanto, è anche chiamato numero in virgola mobile. Esistono vari modi per rappresentare i valori float come 3.14, 4.75, 5.88E + 20, ecc. In PHP, se i valori sono molto grandi e contengono decimali, vengono convertiti automaticamente in float. Il float ha una precisione massima di circa 14 cifre e, se il numero è superiore all'intervallo di valori della cifra massima, perderà la sua precisione.

I programmatori utilizzano la parola chiave `float` prima del nome della variabile in modo che il tipo di dati venga impostato durante l'inizializzazione della variabile. Un valore float può essere impostato su una variabile nella fase di inizializzazione stessa semplicemente citando il nome della variabile seguito da un segno di uguale e il valore float o decimale per quella variabile. È possibile cambiare lo stato / valore in qualsiasi momento a meno che la variabile non sia stata dichiarata come `static`. Principalmente, un float viene utilizzato in applicazioni che includono valute, percentuali ecc. ma possiamo usare variabili float in modo simile a variabili intere e possiamo usarle con operazioni di base come addizione, sottrazione, moltiplicazione, divisione. In base al risultato, verrà decisa la modalità di memorizzazione del valore di output.

È fondamentale capire la distinzione tra Float e Double, il primo indica un numero in virgola mobile breve che è la più piccola precisione fissa fornita da un'implementazione. Controlla la versione PHP che stai utilizzando per verificare che questo tipo di dati sia supportato. La sua precisione minima è di 13 bit e ha una dimensione esponente minima di 5 bit, perciò, sarà preciso fino a 4 cifre decimali. Double, invece, è un numero a virgola mobile doppia, la sua precisione minima è di 50 bit e la dimensione minima dell'esponente è di 8 bit. La precisione di questi tipi di dati varia in base all'implementazione e, di solito, Double è preciso fino a 14 cifre decimali.

```php
<?php
$prezzo_di_vendita = 840,15;
$prezzo_costo = 790,9;
echo "Il valore del prezzo di vendita è
$prezzo_di_vendita \n";
echo "Il valore del prezzo di costo è
$prezzo_costo";
?>
```

Nell'esempio sopra, l'output sarà il valore della variabile `prezzo_di_vendita` e del `prezzo_costo`, ovvero i valori float assegnati alle variabili verranno stampati nella schermata di output.

String

Le stringhe sono una sequenza di caratteri. In PHP, un carattere è uguale a un byte, quindi sono possibili esattamente 256 caratteri diversi. In PHP è possibile creare anche lunghe stringhe, infatti, non esiste alcun vincolo pratico alla dimensione delle stringhe ma bisogna ricordare che PHP non ha supporto nativo per Unicode.

Un valore String può essere specificato in tre modi diversi:

- Con apici singoli
- Con apici doppi
- Con Heredocs

Il modo più semplice per stampare una stringa è racchiuderla tra apici singoli (utilizzando il carattere '). Se vuoi stampare un singolo apice (') all'interno di una stringa, devi eseguire l'escape con una barra rovesciata come avviene in molti altri linguaggi. Se una hai bisogno di stampare uno slash (/) prima di una virgoletta singola o alla fine della stringa, la barra rovesciata deve essere presente due volte. Nel seguente esempio, alla fine di ogni stringa, è stato aggiunto un tag HTML per l'interruzione di riga:

```php
<?php
echo 'Una semplice riga. <br/>';
echo 'Esempio di stringa
su due righe <br/>';
echo 'All\'alba vincerò... <br/>';
echo 'Questo è un comando non valido:
del c:\\*.* <br/>';
?>
```

Quando vogliamo stampare alcuni caratteri speciali o valori delle variabili all'interno di una stringa, racchiudiamo la stringa tra virgolette doppie ("). In questo modo possiamo usare i valori presenti in questa tabella:

\n	spazio della linea
\r	ritorno a capo
\t	tab orizzontale
\\	backslash
\$	simbolo del dollaro
\"	doppi apici

Oltre alle sintassi delle virgolette singole e delle virgolette doppie, esiste un altro modo per incorporare grandi parti di testo negli script che possono includere molte virgolette doppie e/o singole.

Ecco un esempio:

```php
<?php
$stringa=<<<ID
"Domani non potrò venire a casa tua"
"sara' per la prossima volta."
'Grazie mille'
ID;
echo $stringa;
?>
```

Il risultato sarà: "Domani non potrò venire a casa tua," "sara' per la prossima volta." 'Grazie mille'

Array

Un array è una raccolta di elementi di qualsiasi tipo di dati come String, Integer, Boolean... ecc. Un array 2D è un mix di questi tipi di dati ma esistono tre diversi tipi di array 2D in PHP che sono i seguenti:

- Array numerico
- Array associativo
- Array Multidimensionale

Vediamo un esempio di ciascuno tipo:

```php
<?php
// Array numerico
$input = array(10,20,30,40,50);

// Array associativo
$input = array(0 =>Luca, 1=>Mirko,
2=>'Antonio');

// Array multidimensionale
$input = array(
    array( "rosso", "rosa", "bordeaux"
),
    array( "grigio", "bianco", "nero" )
```

```php
);
?>
```

Come puoi vedere, nel primo caso si tratta di un insieme di oggetti con un indice numerico, nel secondo si tratta di una matrice con stringa o indice numerico. Gli elementi di questo array vengono archiviati sotto forma di una coppia chiave-valore, come in un dizionario. Nell'ultimo caso la matrice di una matrice è una matrice multidimensionale che è sempre un array e quindi chiamato array annidato.

Oggetti

Un oggetto è un tipo di dati che non solo consente di memorizzare dati ma anche informazioni su come elaborare tali dati. Un oggetto è un'istanza specifica di una classe che funge da modello (o template) per gli oggetti. Gli oggetti vengono creati in base a questo modello tramite la parola chiave `new`.

Ogni oggetto ha delle proprietà e dei metodi corrispondenti a quelli della sua classe genitore. Ogni istanza di un oggetto è completamente indipendente, con proprietà e metodi propri e può quindi essere manipolata indipendentemente da altri oggetti della stessa classe.

Ecco un semplice esempio di definizione di una classe seguita dalla creazione dell'oggetto:

```php
<?php
// Definizione della classe
class saluto {
  // proprietà
  public $str = "Hello World!";

  // metodi
  function saluta_amico () {
    return $this-> str;
  }
}

// Creazione dell'oggetto dalla classe
$messaggio = new saluto;
var_dump($messaggio);
?>
```

Ricorda che gli elementi dei dati memorizzati all'interno di un oggetto sono indicati come le sue proprietà e informazioni, il codice che descrive come elaborare tali dati è detto metodo dell'oggetto.

In questo esempio abbiamo usato una nuova funzione, mai incontrata prima ma che risulta molto utile. La funzione `var_dump` in PHP consente di visualizzare le informazioni contenute nelle variabili, specificando sia il tipo sia il valore.

Capitolo 3: Variabili e costanti

Le variabili in PHP sono identiche alle variabili nella maggior parte degli altri linguaggi di programmazione. Per chi non lo sapesse, una variabile può essere pensata come un nome dato a una scatola immaginaria in cui può essere collocato qualsiasi valore letterale.

La seguente istruzione crea una variabile chiamata `$testVariabile` (tutti i nomi delle variabili in PHP iniziano con un segno di dollaro) e le assegna il valore letterale 6:

```php
<?php
$testVariabile = 6;
?>
```

PHP è un linguaggio debolmente tipizzato e ciò significa che una singola variabile può contenere qualsiasi tipo di dati, sia esso un numero, una stringa di testo o un altro tipo di valore, può addirittura memorizzare diversi tipi di valori nel corso della sua esistenza.

La seguente istruzione, se la si dovesse digitare dopo la precedente, assegnerebbe un nuovo valore alla `$testVariabile` già esistente. Dove prima era contenuto un numero, ora è contenuta una stringa di testo:

```php
<?php
$testVariabile = 'Sei';
?>
```

Il segno di uguale che abbiamo utilizzato nelle ultime due istruzioni è chiamato operatore di assegnazione, poiché viene utilizzato per assegnare valori alle variabili.

Le costanti in PHP sono variabili i cui valori, una volta definiti, non possono essere modificati e queste costanti sono definite senza un segno $ all'inizio. Le costanti PHP vengono create utilizzando la funzione `define()`. Questa funzione accetta due parametri: il primo è il nome e il secondo è il valore della costante definita.

Il nome della costante inizia con lettere o trattini bassi e non con un numero. Può iniziare con una lettera o un trattino basso seguito da lettere, trattini bassi o numeri. Il nome distingue tra lettere maiuscole e minuscole pertanto è case-sensitive. Dopo che una costante è stata definita, non può essere più definita o ridefinita ma rimane la stessa in tutto lo script e non può essere modificata. Vediamo un esempio di come definire ed usare una costante:

```php
<?php
// esempio per dimostrare le costanti
define ("SALUTO", "Hello World!");
echo SALUTO;
?>
```

Capitolo 4: Operatori logici e operatori aritmetici

Operatori logici

Come suggerisce il nome inglese (bitwise operators), gli operatori bit a bit in PHP vengono utilizzati per eseguire operazioni a livello di bit sugli operandi su cui devono essere operati. Questa operazione viene eseguita convertendo prima questi operandi nel loro livello di bit e successivamente viene eseguito il calcolo richiesto su di essi. Diverse operazioni matematiche possono essere eseguite a questo livello anziché al livello di valore booleano per un'elaborazione più rapida.

Gli operatori binari lavorano su 2 operandi e in PHP, l'operatore AND bit per bit accetta due numeri come valori di input ed esegue AND su ciascun bit di questi due numeri. Il risultato sarà booleano e pari a 1 se entrambi i bit sono 1 e 0 in qualsiasi altro caso.

```php
<?php
$a = 61;
$b = 32;
echo $a & $b;
?>
```

Di seguito è riportata la rappresentazione binaria di 61 e 32 in tabella. Come mostrato di seguito, solo il terzo bit corrisponde alla condizione e quindi l'output finale è 32.

	128	64	32	16	8	4	2	1		
$a	0	0	1	1	1	1	0	1	=	61
$b	0	0	1	0	0	0	0	0	=	32
Risultato	0	0	1	0	0	0	0	0	=	32

In modo analogo all'operatore AND binario, l'operatore OR bit per bit accetta due numeri come operandi di input ed esegue un'operazione OR su ciascun bit di questi due numeri e il risultato è un booleano. Restituisce 1 soltanto se uno dei bit o entrambi i bit sono 1 perciò il risultato sarà 0 solo se entrambe le cifre sono 0.

```php
<?php
$a = 50;
$b = 36;
echo $a | $b;
?>
```

Nella tabella seguente è visualizzata la rappresentazione binaria di 50 e 36 rispettivamente. Come per l'operazione OR, possiamo vedere che nel 2°, 3°, 5° e 6° bit ci sono cifre pari a 1, quindi anche la rispettiva posizione per il risultato sarà 1 mentre le cifre rimanenti sono riempite da 0 poiché non soddisfano la condizione. Quindi l'output finale che otteniamo è 54.

	128	64	32	16	8	4	2	1		
$a	0	0	1	1	0	0	1	0	=	50
$b	0	0	1	0	0	1	0	0	=	36
Risultato	0	0	1	1	0	1	1	0	=	54

L'operatore XOR è un operatore binario che prende l'input di due numeri come operandi ed esegue l'operazione XOR su ogni suo bit e il risultato di questi due numeri sarà vero se uno dei due bit è vero e l'output sarà falso solo se entrambi i bit sono veri ed entrambi i bit sono falsi. La tabella sottostante aiuta a chiarire il concetto:

a	b	Risultato
0	0	0
0	1	1
1	0	1
1	1	0

Ecco un esempio:

```php
<?php
$a = 22;
$b = 31;
echo $a ^ $b;
?>
```

Di seguito è riportata la rappresentazione binaria di 22 e 31 rispettivamente mostrata nella tabella. Nella tabella sottostante, possiamo vedere che nel quinto e nell'ottavo bit uno dei bit è 1, quindi nell'output quei bit sono pari a 1 mentre quelli rimanenti sono 0. Il risultato è pari a 9 quando convertito in decimale.

	128	64	32	16	8	4	2	1		
$a	0	0	0	1	0	1	1	0	=	22
$b	0	0	0	1	1	1	1	1	=	31
Risultato	0	0	0	0	1	0	0	1	=	9

A differenza di tutti gli operatori esaminati sino ad ora, l'operatore NOT è unario quindi esegue un NOT bit per bit su un singolo operando preso come input. Come suggerisce il nome, l'output sarà l'esatto opposto del suo input.

```php
<?php
$a = 20;
$b = 65;
echo $a & ~ $b;
?>
```

Per rendere l'esempio più interessante abbiamo unito l'operazione AND ad un'operazione NOT. Vediamo il risultato:

	128	64	32	16	8	4	2	1		
$a	0	0	0	1	0	1	0	0	=	20
$b	0	1	0	0	0	0	0	1	=	65
$~b	1	0	1	1	1	1	1	0	=	190
Risultato	0	0	0	1	0	1	0	0	=	20

Operatori di confronto

Gli operatori di confronto in PHP vengono generalmente utilizzati per confrontare due valori che possono essere variabili (i valori delle variabili possono essere una stringa o un numero o qualsiasi altro tipo di dato confrontabile). Vediamo quali operatori di confronto andremo ad analizzare in PHP:

- Uguale
- Identico
- Diverso
- Non identico
- Maggiore di
- Minore di
- Maggiore o uguale a
- Minore o uguale a

Questi sono alcuni dei nomi di operatori di confronto per comparare due tipi di valori simili in base ai nostri requisiti. Esistono diversi tipi di operatore di confronto in molti linguaggi di programmazione, tuttavia quelli appena citati sono disponibili in PHP.

Il risultato dell'operatore uguale sarà `TRUE` solo se il valore della prima variabile è uguale al valore della seconda variabile. Se il valore della prima variabile non è uguale al valore della seconda variabile, il risultato del confronto sarà `FALSE`.

Creiamo un programma per confrontare due valori (stringhe o numeri) che vengono assegnati alle relative variabili come valori. Se questi valori sono gli stessi, l'output sarà vero altrimenti falso. In base a tale output verrà eseguito il codice rimanente.

```php
<?php
//1. confronto solo valori numerici
utilizzando due variabili
$ordinati = 5;
$disponibili = 2;
if($ordinati==$disponibili){
```

```php
    echo "VERO: perché i valori delle due
variabili sono gli stessi";
}
else{
    echo "FALSO: perché i valori delle due
variabili non sono gli stessi";
}
//2. Programma per confrontare due
valori di stringa
$a = "pwd123";
$b = "pwd123";
if($a==$b){
    echo "VERO: i valori stringa assegnati
alle due variabili sono gli stessi";
}
else{
    echo "FALSO: i valori stringa
assegnati alle due variabili non sono
gli stessi";
}
?>
```

Il risultato nel primo caso sarà falso mentre nel secondo sarà vero perché le stringhe sono uguali.

A questo punto ti starai chiedendo la differenza con l'operatore Identico, cosa cambia da Uguale a Identico? Questo operatore darà TRUE se i valori delle due

variabili appartengono allo stesso tipo di dati,
altrimenti il risultato sarà FALSE.

Il programma seguente sarà bool(false)
perché i due valori che sono nelle variabili x, y
non appartengono allo stesso tipo di dati,
quindi il risultato sarà falso.

```php
<?php
$x = 400;
$y = "400";
var_dump($x === $y); // false
?>
```

Andiamo a verificare anche la disuguaglianza
con l'operatore non uguale (!=) che diventerà
TRUE se il valore della prima variabile non è
uguale al valore della seconda variabile,
altrimenti il risultato sarà FALSE. Controlla gli
esempi di seguito:

```php
<?php
$disponibili = 1;
$ordinati = 2;
if($disponibili!=$ordinati){
```

```php
  echo "VERO :: i valori delle variabili
non sono gli stessi previsti";
}
else{
  echo "FALSO :: i valori delle
variabili sono gli stessi che non ti
aspettavi";
}
?>
```

Come abbiamo esaminato per l'operatore Identico, sono valide le stesse considerazioni per l'operatore Non Identico. Questo operatore produrrà il risultato TRUE solo quando i valori delle due variabili non appartengono agli stessi tipi di dati altrimenti restituirà FALSE se i tipi di dati del valore della variabile sono gli stessi.

```php
<?php
$x = 400;
$y = "400";
var_dump($x !== $y); // true
?>
```

In modo molto più intuitivo sono disponibili gli altri operatori (Maggiore di, Minore di,

Maggiore o uguale a, Minore o uguale a). L'unica differenza tra questi è il simbolo e la presenza dell'uguale nel caso in cui si voglia verificare anche l'uguaglianza.

```php
<?php
$disponibili = 1;
$ordinati = 2;
if($disponibili >= $ordinati){
  echo "VERO :: Bisogna aggiornare
l'inventario";
}
else{
  echo "FALSO :: Non ci sono abbastanza
prodotti";
}
?>
```

Puoi divertirti a modificare le condizioni utilizzando Maggiore di (simbolo >), Minore di (simbolo <), Maggiore o uguale a (simbolo >=), Minore o uguale a (simbolo <=).

Operatori aritmetici

Gli operatori aritmetici sono uno dei tipi di operatori nel linguaggio di programmazione PHP. Essi sono molto utili per risolvere calcoli matematici e per facilitare i nostri compiti nella risoluzione dei problemi. Gli operatori aritmetici possono essere utilizzati solo con i valori numerici per eseguire operazioni aritmetiche come Addizione (+), Sottrazione (-), Moltiplicazione (*), Divisione (/), Modulo (%).

L'addizione è uno degli operatori aritmetici del linguaggio di programmazione PHP e richiede almeno due o più valori numerici da sommare.

```php
<?php
$x = 25;
$y = 24;
$z = $x + $y;
echo "Valore x : $x";
echo "<br/>";
echo "Valore y : $y";
echo "<br/>";
echo "Somma x + y :: ";
```

```php
echo $z;
echo "<br/>";
echo "<hr/>";
$w = 23;
echo "Valore w : $w";
echo "<br/>";
$k = $z + $w ;
echo "Somma x + y + w :: $k";
?>
```

Il risultato di questo codice sarà:

```
Valore x : 25
Valore y : 24
Somma x + y :: 49
```

```
Valore w : 23

Somma x + y + w :: 72
```

Allo stesso modo è possibile utilizzare gli altri operatori quindi gli esempi sono abbastanza banali per sottrazione, moltiplicazione e divisione.

Il Modulo è uno degli operatori aritmetici disponibili in questo linguaggio di programmazione e sono necessari almeno due o più valori numerici per conoscere il valore rimanente. Il risultato di questo operatore è il resto della divisione di un numero con qualsiasi altro numero. Ecco un esempio:

```php
<?php
$x = 25;
$y = 3;
$z = $x % $y;
echo "Valore x : $x";
echo "<br/>";
echo "Valore y : $y";
echo "<br/>";
echo "Operazione x % y :: ";
echo $z;
?>
```

Il risultato sarà il seguente:

```
Valore x : 25
Valore y : 3
Operazione x % y :: 1
```

Un ruolo particolare, invece, è ricoperto dagli operatori di incremento e decremento. Tali operatori possono essere in forma prefissa o postfissa, creando spesso confusione tra i principianti. Quando questi operatori si trovano in forma prefissa viene prima effettuato l'incremento o il decremento di una unità della variabile e successivamente viene restituito il valore della variabile già aggiornato. Quando si trovano in forma postfissa viene subito restituito il valore della variabile e poi viene incrementato o decrementato di una unità.

```php
<?php
$x = 10;
echo ++$x; // Risultato: 11
echo $x;   // Risultato: 11

$x = 10;
echo $x++; // Risultato: 10
echo $x;   // Risultato: 11

// Equivalgono a $x = $x+1

$x = 10;
echo --$x; // Risultato: 9
echo $x;   // Risultato: 9

$x = 10;
echo $x--; // Risultato: 10
echo $x;   // Risultato: 9

// Equivalgono a $x = $x-1
```

?>

Presta particolare attenzione con questi tipi di operatori in quanto è facile confondersi tra forma prefissa e postfissa. Ogni operatore rappresenta una scorciatoia per l'addizione e la sottrazione di un'unità come specificato dai commenti nel codice.

Capitolo 5: Strutture di controllo e cicli

Come la maggior parte dei linguaggi di programmazione, PHP consente anche di scrivere codice che esegue azioni diverse in base ai risultati di condizioni di test logiche o comparative in fase di esecuzione. Ciò significa che è possibile creare condizioni di test sotto forma di espressioni che restituiscono `true` o `false` e in base a questi risultati è possibile eseguire determinate azioni.

Ci sono diverse istruzioni in PHP che puoi usare per prendere decisioni:

- L'istruzione `if`
- L'istruzione `if...else`
- L'istruzione `switch...case`

If

L'istruzione `if` viene utilizzata per eseguire un blocco di codice solo se la condizione specificata restituisce `true`. Questa è la più semplice istruzione condizionale di PHP e può essere scritta come:

```php
<?php
$prezzo = 200;
if($prezzo == 200){
  echo "E' un affare, compralo subito!";
}
?>
```

Else

È possibile migliorare il processo decisionale fornendo una scelta alternativa aggiungendo un blocco `else` al blocco `if`. L'istruzione `if...else` consente di eseguire un blocco di codice se la condizione specificata viene valutata come vera e un altro blocco di codice se viene valutata come falsa. Può essere scritto in questo modo:

```php
<?php
$prezzo = 201;
if($prezzo <= 200){
  echo "E' un affare, compralo subito!";
}
else {
  echo "Aspetta che il prezzo scenda!";
}
?>
```

Switch

Analizziamo adesso un altro caso. Immaginiamo di voler stampare un messaggio diverso in base al giorno della settimana. Stai immaginando di scrivere molte istruzioni `if`, invece è possibile usare un costrutto più pulito ed elegante come `switch`:

```php
<?php
$giorno = date("D");
switch($giorno){
    case "Mon":
        echo "Oggi è lunedì, ricorda di fare la spesa.";
        break;
    case "Tue":
        echo "Oggi è martedì, c'è lezione di karate!";
        break;
    case "Wed":
        echo "Oggi è mercoledì. Andare al dottore.";
        break;
    case "Thu":
        echo "Oggi è giovedì, pagare la bolletta.";
        break;
    case "Fri":
```

```php
        echo "Oggi è venerdì, festa in
discoteca.";
        break;
    case "Sat":
        echo "Oggi è sabato, pulire
casa.";
        break;
    case "Sun":
        echo "Oggi è domenica, relax
totale!";
        break;
    default:
        echo "Nessun giorno
selezionato.";
        break;
}
?>
```

L'istruzione switch-case differisce dall'istruzione if-else in un modo importante. L'istruzione switch viene eseguita riga per riga (cioè istruzione per istruzione) e una volta che PHP trova un'istruzione case che restituisce true, non solo esegue il codice corrispondente a tale istruzione case, ma esegue anche tutte le istruzioni case successive fino alla fine del blocco automaticamente.

Per evitare ciò, viene aggiunta un'istruzione `break` alla fine di ogni blocco dei `case`. L'istruzione `break` dice a PHP di uscire dal blocco di istruzioni `switch-case` una volta eseguito il codice associato al primo caso vero.

Spesso è utile automatizzare delle azioni affinché si ripetano più volte. I cicli vengono utilizzati per eseguire lo stesso blocco di codice in modo ripetitivo, purché venga soddisfatta una determinata condizione. L'idea alla base di un ciclo consiste nell'automatizzare le attività ripetitive all'interno di un programma per risparmiare tempo e fatica. PHP supporta quattro diversi tipi di loop:

- `while` esegue un blocco di codice fino a quando la condizione specificata restituisce `true`;

- `do...while` il blocco di codice viene eseguito una volta e poi viene valutata la condizione. Se la condizione è vera, il blocco di codice definito viene ripetuto finché la condizione specificata è vera.

- `for` esegue un blocco di codice finché il contatore non raggiunge un numero specificato.

- `foreach` esegue un blocco di codice per ogni elemento presente in un array.

For

Il ciclo `for` ripete un blocco di codice fintanto che viene soddisfatta una certa condizione. Viene tipicamente utilizzato per eseguire un blocco di codice per un certo numero di volte.

I parametri del ciclo `for` hanno i seguenti significati:

- inizializzazione: viene utilizzata una variabile per indicare un contatore e viene valutato una volta incondizionatamente prima dell'esecuzione del corpo del ciclo.
- valutazione: all'inizio di ogni iterazione, viene valutata la condizione. Se restituisce `true`, il ciclo continua e vengono eseguite le istruzioni annidate. Se restituisce `false`, l'esecuzione del ciclo termina.

- incremento: aggiorna il contatore del ciclo con un nuovo valore.

L'esempio seguente definisce un ciclo che inizia con `$i = 1`. Il ciclo continuerà fino a quando `$i` sarà minore o uguale a 3. La variabile `$i` aumenterà di 1 unità ogni volta che il ciclo viene eseguito:

```php
<?php
for($i=1; $i<=3; $i++){
    echo "Il numero è " . $i . "<br>";
}
?>
```

Il risultato, come prevedibile sarà il seguente:

```
Il numero è 1
Il numero è 2
Il numero è 3
```

Foreach

L'iteratore `foreach` è usato per scorrere gli elementi presenti in un array dato. Supponiamo di avere un array con i giorni della settimana:

```php
<?php
$giorni = array("Lunedì", "Martedì",
"Mercoledì", "Giovedì", "Venerdì",
"Sabato", "Domenica");

// Itero sull'array
foreach($giorni as $giorno){
    echo $giorno . "<br>";
}
?>
```

In questo caso il risultato sarà un insieme di righe (`<br>` interrompe la riga corrente) e su ogni riga ci sarà un giorno della settimana presente nell'array, a partire da `Lunedì`.

Un caso particolare di questo iteratore consiste nell'uso combinato di chiave e valore:

```php
<?php
$persona = array(
    "nome" => "Antonio",
    "cognome" => "Rossi",
    "eta" => 28
);

// Itero sull'array persona
foreach($persona as $chiave => $valore){
    echo $chiave . " : " . $valore .
"<br>";
}
?>
```

While

L'istruzione `while` eseguirà un ciclo attraverso un blocco di codice fintanto che la condizione specificata nell'istruzione `while` restituisce `true`.

L'esempio seguente definisce un ciclo che inizia con `$i = 1`. Il ciclo continuerà ad essere eseguito fintanto che `$i` è minore o uguale a 3. `$i` aumenterà di 1 unità ogni volta che viene eseguito il ciclo:

```php
<?php
$i = 1;
while($i <= 3){
    echo "Il numero è " . $i . "<br>";
    $i++;
}
?>
```

Come vedi, questo ciclo è equivalente a quello definito con il ciclo `for`, infatti, eseguendo tale ciclo avrai lo stesso risultato.

Il ciclo `do-while` è una variante del ciclo `while`, che valuta la condizione alla fine di ogni iterazione del ciclo. Con un ciclo `do-while` il blocco di codice viene eseguito una volta, quindi la condizione viene valutata e, se la condizione è vera, l'istruzione viene ripetuta fintanto che la condizione specificata valutata è vera. L'esempio seguente definisce un ciclo che inizia con `$i = 1`, quindi aumenterà `$i` di 1 unità e stamperà l'output. La condizione viene valutata e il ciclo continuerà a essere eseguito finché `$i` è minore o uguale a 3.

```php
<?php
$i = 1;
do {
    echo "Il numero è " . $i . "<br>";
    $i++;
}
while($i <= 3);
?>
```

Anche in questo caso il risultato non cambia, l'unica cosa che cambia è lo stile adottato per il ciclo. In base alle esigenze è più conveniente usare `for`, `while` o `do-while`.

In realtà, il ciclo while differisce dal ciclo `do-while` in un modo importante: con un ciclo `while`, la condizione da valutare viene testata all'inizio di ogni iterazione del ciclo, quindi se l'espressione condizionale restituisce `false`, il ciclo non verrà mai eseguito.

Con un ciclo `do-while`, d'altra parte, il ciclo verrà sempre eseguito una volta, anche se l'espressione condizionale è falsa, perché la condizione viene valutata alla fine dell'iterazione del ciclo piuttosto che all'inizio.

Capitolo 6: Le espressioni regolari

Cosa sono

Un'espressione regolare è un breve pezzo di codice che descrive uno schema di testo che può essere presente in una stringa. Usiamo espressioni regolari per cercare e sostituire dei modelli di testo e sono disponibili in molti linguaggi di programmazione e ambienti, sono particolarmente diffusi nei linguaggi di sviluppo web come PHP.

La popolarità delle espressioni regolari ha tutto a che fare con la loro utilità e assolutamente nulla a che fare con quanto sono facili da usare, perché non sono affatto facili da capire. In effetti, per la maggior parte delle persone che le incontrano per la prima volta, le espressioni regolari sembrano frutto della pressione di tasti casuale sulla tastiera. Ecco, ad esempio, un'espressione regolare relativamente semplice che corrisponderà a qualsiasi stringa che potrebbe essere considerata un indirizzo e-mail valido:

```
/^[\w\.\-]+@([\w\-]+\.)+[a-z]+$/i
```

Spaventoso, vero? Entro la fine di questa sezione, sarai effettivamente in grado di capirne di più. Il linguaggio di un'espressione regolare è talmente criptico che, una volta che lo padroneggi, potresti sentirti come se fossi in grado di fare incantesimi magici con il codice che scrivi.

Validazione REGEX

Per cominciare, iniziamo con alcune espressioni regolari molto semplici. Questa è un'espressione regolare che cerca il testo "PHP" (senza virgolette):

```
/PHP/
```

Abbastanza semplice, giusto? È il testo per il quale desideri cercare circondato da una coppia di delimitatori corrispondenti. Tradizionalmente, le barre (/) vengono utilizzate come delimitatori di espressioni regolari, ma un'altra scelta comune è il carattere cancelletto (#). Puoi effettivamente utilizzare qualsiasi carattere come delimitatore tranne lettere, numeri o barre rovesciate (\).

Per utilizzare un'espressione regolare, è necessario avere familiarità con le funzioni delle espressioni regolari disponibili in PHP. `preg_match` è il più semplice e può essere utilizzato per determinare se un'espressione regolare corrisponde ad una particolare stringa di testo. Considera questo codice:

```php
<?php
$testo = 'Validazione REGEX e PHP!';
if (preg_match('/PHP/', $testo))
{
  $output = '$testo contiene la stringa &ldquo;PHP&rdquo;.';
}
else
{
  $output = '$testo non contiene la stringa &ldquo;PHP&rdquo;.';
}
echo $output;
?>
```

In questo esempio, l'espressione regolare trova una corrispondenza perché la stringa memorizzata nella variabile `$testo` contiene "PHP". Questo esempio produrrà quindi il messaggio mostrato nel blocco `if` (si noti che le virgolette singole attorno alle stringhe nel codice impediscono a PHP di inserire il valore della variabile `$testo`).

Per impostazione predefinita, le espressioni regolari fanno distinzione tra maiuscole e minuscole; ovvero, i caratteri minuscoli nell'espressione corrispondono solo ai caratteri minuscoli nella stringa e i caratteri maiuscoli corrispondono solo ai caratteri maiuscoli. Se invece desideri eseguire una ricerca senza distinzione tra maiuscole e minuscole, puoi utilizzare un modificatore di pattern per fare in modo che l'espressione regolare ignori le maiuscole.

I modificatori di pattern sono dei flag di un carattere che seguono il delimitatore finale di un'espressione. Il modificatore per eseguire una corrispondenza senza distinzione tra maiuscole e minuscole è `i`. Quindi, mentre `/PHP/` corrisponderà solo alle stringhe che contengono "PHP", `/PHP/i` corrisponderà alle stringhe che contengono "PHP", "php" o anche "pHp".

Le espressioni regolari sono quasi un linguaggio di programmazione a sé stante. Una straordinaria varietà di caratteri ha un significato speciale quando compaiono in un'espressione regolare. Usando questi caratteri speciali, puoi descrivere in dettaglio il modello di caratteri che una funzione PHP come `preg_match` cercherà. Per mostrarti cosa intendo, diamo un'occhiata a un'espressione regolare leggermente più complessa:

```
/^PH.*/
```

Il simbolo (^), il punto (.) e l'asterisco (*) sono tutti caratteri speciali che hanno un significato specifico all'interno di un'espressione regolare. In particolare, il cursore (^) significa "l'inizio della stringa", il punto significa "qualsiasi carattere" e l'asterisco significa "zero o più del carattere precedente". Pertanto, il modello `/^PH.*/` corrisponde non solo alla stringa "PH" ma "PHP", "PHX", "PHP: Hypertext Preprocessor" e qualsiasi altra stringa che inizia con "PH".

La sintassi delle espressioni regolari può essere decisamente confusa e difficile da ricordare, quindi se intendessi farne un uso intenso, un buon riferimento potrebbe tornare utile. Il manuale PHP include un riferimento molto completo alle espressioni regolari, qui ne vediamo solo le basi. Ecco alcuni dei caratteri speciali delle espressioni regolari più comunemente usati e alcuni semplici esempi per illustrare come funzionano:

$ (dollaro)	Corrisponde alla fine della stringa. Questo esclude tutti i caratteri

+ (più)	Richiede che il carattere precedente appaia una o più volte
? (punto interrogativo)	Questo carattere rende facoltativo il carattere precedente
| (pipe)	Fa sì che l'espressione regolare corrisponda al modello a sinistra della barra verticale o al modello a destra di essa
(…) parentesi	Definiscono un gruppo di caratteri che devono ricorrere insieme, a cui è quindi possibile applicare un modificatore come *, + o ?
[...] parentesi quadrate	Definiscono una classe di caratteri. Una classe di caratteri corrisponde a un carattere tra quelli elencati tra parentesi quadre. Una classe di caratteri può includere un elenco esplicito di caratteri (ad esempio, [aqz], che è uguale a (a | q | z)) o un intervallo di caratteri (come [az], che è uguale a (a | b | c |... | z)
\d	Corrisponde a qualsiasi cifra; è uguale a [0-9]

\w	Corrisponde a qualsiasi "parola". È lo stesso di [a-zA-Z0-9_]

Capitolo 7: Lavorare con le stringhe

Stampare le stringhe

L'istruzione `echo` può stampare a video una o più stringhe. In termini generali, l'istruzione `echo` può visualizzare tutto ciò che può essere visualizzato nel browser, come stringhe, numeri, valori di variabili, risultati di espressioni ecc. Poiché `echo` è un costrutto di linguaggio non in realtà una funzione (come l'istruzione `if`), puoi usarlo anche senza parentesi. Tuttavia, se si desidera passare più di un parametro, i parametri non devono essere racchiusi tra parentesi.

Il seguente esempio ti mostrerà come visualizzare codice HTML usando l'istruzione `echo`:

```php
<?php
// Mostra codice HTML
echo "<h4>Questo è un titolo h4</h4>";
echo "<h4 style='color: red;'>Questo è
un titolo h4 rosso</h4>";
?>
```

È inoltre possibile utilizzare l'istruzione print (un'alternativa a echo) per visualizzare l'output nel browser. Come l'echo, anche print è un costrutto del linguaggio, non una funzione reale. Sia l'istruzione echo che l'istruzione print funzionano esattamente allo stesso modo tranne per il fatto che l'istruzione print può produrre solo una stringa e restituisce sempre 1. Ecco perché l'istruzione echo è considerata leggermente più veloce dell'istruzione print poiché non restituisce alcun valore.

```php
<?php
// Mostra codice HTML
print "<h4>Questo è un titolo h4</h4>";
print "<h4 style='color: red;'>Questo è
un titolo h4 rosso</h4>";
?>
```

Concatenare le stringhe

PHP offre diversi tipi di operatori con funzionalità distintive. Gli operatori ci consentono di eseguire attività aritmetiche, concatenazioni di stringhe, confrontare valori ed eseguire operazioni booleane, e tanto altro. In questo sottocapitolo impareremo gli operatori di stringa forniti da PHP.

Ci sono due operatori di stringa forniti da PHP.

1. Operatore di concatenazione ("."): combina due valori di stringa e restituisce una nuova stringa;

2. Operatore di assegnazione concatenazione (".="): collega l'argomento che si trova alla sua destra all'argomento sul lato sinistro.

Dimostriamo l'utilità degli operatori di cui sopra con i seguenti esempi:

```php
<?php
$a = 'Buon ';
$b = 'pomeriggio';
$c = $a.$b;
echo "$c";
# Buon pomeriggio
?>
```

```php
<?php
$a = 'Buon ';
$b = 'pomeriggio';
$c = $a.$b;
$c .= '.';
echo "$c";
# Buon pomeriggio.
?>
```

Funzionalità base

PHP fornisce molte funzioni incorporate per manipolare le stringhe, ad esempio, calcolare la lunghezza di una stringa, trovare sottostringhe o caratteri, sostituire parte di una stringa con caratteri diversi, "esplodere" una stringa e molte altre. La funzione `strlen()` viene utilizzata per calcolare il numero di caratteri all'interno di una stringa e include anche gli spazi vuoti all'interno della stringa:

```php
<?php
$stringa = 'Mi piace PHP!';

echo strlen($stringa);
// Risultato: 13
?>
```

Un'altra funzionalità molto utile in PHP riguarda il conteggio delle parole, grazie alla funzione `str_word_count()`:

```php
<?php
$stringa = 'Mi piace PHP!';

echo str_word_count($stringa);
// Risultato: 3
?>
```

Altre due funzioni molto utili sono relative alla sostituzione di tutte le occorrenze del testo ricercato all'interno della stringa di destinazione, così come la possibilità di invertire una stringa (utile per scovare palindromi). Puoi opzionalmente passare il quarto argomento alla funzione `str_replace()` per sapere quante volte sono state eseguite le sostituzioni di stringa.

```php
<?php
$stringa = 'PHP mi piace molto!';

// Mostra la stringa modificata
echo str_replace("molto", "moltissimo", $stringa);

// Risultato: PHP mi piace moltissimo!

// Conta quante sostituzioni vengono effettuate
```

```php
echo str_replace("molto", "moltissimo",
$stringa, $contatore);

// Risultato: PHP mi piace moltissimo!

// Mostra quante sostituzioni sono state
effettuate
echo "Il testo è stato sostituito
$contatore volte.";

// Risultato: Il testo è stato
sostituito 1 volta.

// Mostra la stringa inversa
echo strrev($stringa);

// Risultato: !otlom ecaip im PHP
?>
```

Altre due funzioni utili sono `implode` ed `explode` che consentono rispettivamente di ottenere una stringa partendo da un array e viceversa.

```php
<?php
$arr =
array('Ciao','amici!','Tutto','bene?');
echo implode(" ", $arr) . '<br>';

// Risultato: Ciao amici! Tutto bene?

$str = "Buon pomeriggio amici. Vi piace
PHP?";
```

```php
print_r (explode(" ",$str));

// Risultato: Array ( [0] => Buon [1] =>
pomeriggio [2] => amici. [3] => Vi [4]
=> piace [5] => PHP? )
?>
```

Data e ora

date

La funzione PHP `date()` converte un timestamp in una data e un'ora in formato più leggibile. Tutti i computer memorizzano le date e le ore in un formato chiamato UNIX Timestamp, che misura il tempo come il numero di secondi dall'inizio dell'epoca Unix (mezzanotte Greenwich Mean Time del 1° gennaio 1970 ovvero 1° gennaio 1970 00:00:00 GMT).

Poiché questo è un formato poco pratico da leggere per gli esseri umani, PHP converte un timestamp in un formato leggibile dagli umani e le date dalla tua notazione in un timestamp che il computer può comprendere. La sintassi della funzione PHP `date()` richiede il parametro `format` che specifica il formato della data e dell'ora restituite.

Tuttavia, il timestamp è un parametro facoltativo e, se non incluso, verranno utilizzate la data e l'ora correnti. La seguente istruzione mostra la data odierna:

```php
<?php
$oggi = date("d/m/Y");
echo $oggi;
?>
```

Non sempre, però hai bisogno di questo formato quindi vediamo come personalizzarlo in base alle tue esigenze. Il primo parametro della funzione `date()` è infatti una stringa che può contenere più caratteri permettendo di generare una stringa contenente vari componenti della data e dell'ora scelti, come il giorno della settimana, AM o PM, ecc.

I caratteri relativi alla formattazione della data comunemente utilizzati sono:

- `d` rappresenta il giorno del mese con due cifre con zero iniziale (01 o 31)

- `D` rappresenta il giorno della settimana nel testo come abbreviazione (da lunedì a domenica)

- `m` rappresenta il mese in numeri con zero iniziale (01 o 12)

- `M` rappresenta il mese in forma testuale, abbreviato (da gennaio a dicembre)

- `y` rappresenta l'anno in due cifre (08 o 21)

- `Y` rappresenta l'anno in quattro cifre (2008 o 2021)

Le parti della data possono essere separate inserendo altri caratteri, come trattini (-), punti (.), barre (/) o spazi per aggiungere ulteriore formattazione visiva.

```php
<?php
echo date("d/m/Y") . "<br>";
echo date("d-m-Y") . "<br>";
echo date("d.m.Y");
```

```php
// Risultato:
// 30/12/2020
// 30-12-2020
// 30.12.2020
?>
```

Allo stesso modo è possibile utilizzare i seguenti caratteri per formattare l'orario:

- `h` rappresenta l'orario in formato 12 ore con zero iniziale (da 01 a 12)

- `H` rappresenta l'orario nel formato 24 ore con zeri iniziali (da 00 a 23)

- `i` rappresenta i minuti con zeri iniziali (da 00 a 59)

- `s` rappresenta i secondi con zeri iniziali (da 00 a 59)

- `a` rappresenta ante meridiem e post meridiem in minuscolo (am o pm)

- `A` rappresenta ante meridiem e post meridiem in maiuscolo (AM o PM)

Il codice PHP nell'esempio seguente mostra la data in diversi formati:

```php
<?php
echo date("h:i:s") . "<br>";
echo date("F d, Y h:i:s A") . "<br>";
echo date("h:i a");

// Risultato:
// 04:08:02
// December 30, 2020 04:08:02 PM
// 04:08 pm
?>
```

Time

La funzione `time()` viene utilizzata per ottenere l'orario corrente come timestamp Unix (ovvero il numero di secondi dall'inizio dell'epoca Unix: 1 gennaio 1970 00:00:00 GMT).

```php
<?php
// Eseguito il 30 Dicembre, 2020
04:11:09
$timestamp = time();
echo($timestamp) .'<br>';

// Risultato: 1609344669

echo(date("F d, Y h:i:s", $timestamp));

// Risultato: December 30, 2020 04:11:09
?>
```

Come puoi vedere dall'esempio, possiamo convertire questo il timestamp ottenuto in una data leggibile dall'uomo passandolo alla funzione `date()` precedentemente introdotta.

Strtotime

Un'altra funzione molto interessante per ottenere dei timestamp è strtotime che "comprende il testo scritto in inglese" e ne recupera il timestamp indicato.

Ecco alcuni esempi per chiarire il concetto:

```php
<?php
echo(strtotime("now") . "<br>");
echo(strtotime("3 October 2020") .
"<br>");
echo(strtotime("+5 hours") . "<br>");
echo(strtotime("+1 week") . "<br>");
echo(strtotime("+1 week 3 days 7 hours 5
seconds") . "<br>");
echo(strtotime("next Monday") . "<br>");
echo(strtotime("last Sunday"));

// Risultato: 1609344927
// Risultato: 1601683200
// Risultato: 1609362927
// Risultato: 1609949727
// Risultato: 1610234132
// Risultato: 1609718400
// Risultato: 1609027200
?>
```

Se l'anno è specificato in un formato a due cifre, i valori compresi tra 0 e 69 vengono mappati a 2000-2069 e i valori compresi tra 70 e 100 vengono mappati a 1970-2000.

Nota bene: presta attenzione alle date nei formati `m/d/y` o `d-m-y`; se il separatore è una barra (`/`), si assume il formato `m/d/y` americano. Se il separatore è un trattino (`-`) o un punto (`.`), viene utilizzato il formato `d-m-y` europeo. Per evitare potenziali errori, dovresti inserire date nel formato `AAAA-MM-GG` o usare la funzione `date_create_from_format()` quando possibile.

Capitolo 9: Lavorare con gli array

Un array è un tipo speciale di variabile che contiene più valori. Puoi pensare una variabile come una scatola che contiene un valore, un array può essere pensato come una scatola con scomparti in cui ogni scomparto è in grado di memorizzare un valore individuale. Il modo più semplice per creare un array in PHP è usando il comando `array`:

```php
<?php
$mioArray = array('uno', 2, 'tre');
print_r($mioArray);

// Risultato: Array ( [0] => uno [1] =>
2 [2] => tre )

?>
```

Questo codice crea un array chiamato `$mioArray` che contiene tre valori: "uno", 2 e "tre". Proprio come una normale variabile, ogni scomparto in un array può contenere qualsiasi tipo di valore. In questo caso, il primo e il terzo spazio contengono stringhe, mentre il secondo contiene un numero.

Per accedere ad un valore memorizzato in un array, è necessario conoscerne l'indice. In genere, gli array utilizzano numeri come indici per puntare ai valori che contengono, a partire da zero. Il primo valore (o elemento) di un array ha indice 0, il secondo ha indice 1, il terzo ha indice 2 e così via, pertanto, l'indice dell'n-esimo elemento di un array è n - 1. Una volta che conosci l'indice del valore che ti interessa, puoi recuperare quel valore inserendo quell'indice tra parentesi quadre dopo il nome della variabile dell'array:

```php
<?php
$mioArray = array('uno', 2, 'tre');

echo $mioArray[0]; // restituisce 'uno'
echo $mioArray[1]; // restituisce '2'
```

```php
echo $mioArray[2]; // restituisce 'tre'

?>
```

Ogni valore memorizzato in un array è chiamato "elemento" di quell'array. È possibile utilizzare un indice tra parentesi quadre per aggiungere nuovi elementi o assegnare nuovi valori agli elementi dell'array esistenti:

```php
<?php
$mioArray = array('uno', 2, 'tre');

$mioArray[1] = 'due';   // assegno un
nuovo valore
$mioArray[3] = 4; // creo un nuovo
elemento

print_r($mioArray);

// Risultato: Array ( [0] => uno [1] =>
due [2] => tre [3] => 4 )

?>
```

Puoi anche aggiungere elementi alla fine di un array usando l'operatore di assegnazione (=) come al solito, ma lasciando vuote le parentesi quadre che seguono il nome della variabile:

```php
<?php
$mioArray = array('uno', 2, 'tre');

$mioArray[1] = 'due'; // assegno un
nuovo valore
$mioArray[3] = 4;        // creo un nuovo
elemento

$mioArray[] = 'quinto elemento';
echo $mioArray[4];       // restituisce
'quinto elemento'

?>
```

Sebbene i numeri siano la scelta più comune per gli indici di una matrice, esiste un'altra possibilità. Puoi utilizzare le stringhe come indici per creare quello che viene chiamato un "array associativo". Si chiama così perché associa dei valori a indici significativi. In questo esempio, associamo una data (sotto forma di stringa) a ciascuno dei tre nomi:

```php
<?php
$compleanni['Antonio'] = '12-01-1980';
```

```php
$compleanni['Lucia'] = '15-09-1982';
$compleanni['Marco'] = '01-10-1981';

print_r($compleanni);

// Risultato: Array ( [Antonio] => 12-
01-1980 [Lucia] => 15-09-1982 [Marco] =>
01-10-1981 )

?>
```

Funzionalità base

Con gli array abbiamo a disposizione diverse funzioni interessanti che non solo possono farci risparmiare tempo ma sono anche ottimizzate per funzionare in PHP. Se volessimo contare gli elementi contenuti in un array potremmo creare un ciclo e incrementare un contatore ma perché non usare la funzione `count`?

Riprendiamo l'esempio precedente:

```php
<?php
$compleanni['Antonio'] = '12-01-1980';
$compleanni['Lucia'] = '15-09-1982';
$compleanni['Marco'] = '01-10-1981';

echo count($compleanni);

// Risultato: 3

?>
```

Questo metodo funziona sia con array associativi che con i classici array. Oltre all'array puoi passare, come secondo argomento, la modalità (0 di default o 1) per fare una ricerca ricorsiva all'interno di array multidimensionali.

Un altro scenario classico quando si lavora con gli array consiste nel verificare la presenza di un elemento nell'array, anche qui potresti creare un ciclo con una condizione da verificare ma perché non usare `in_array`?

```php
<?php
$compleanni['Antonio'] = '12-01-1980';
$compleanni['Lucia'] = '15-09-1982';
$compleanni['Marco'] = '01-10-1981';

echo in_array('01-10-1981',
$compleanni); // Restituisce 1
echo in_array('01-10-1982',
$compleanni); // in_array restituisce
false quindi echo non stamperà nulla
echo in_array('Lucia', $compleanni); //
in_array restituisce false quindi echo
non stamperà nulla

?>
```

Nota bene che questo metodo cerca tra i valori e non tra le chiavi, pertanto, l'ultima riga restituisce `false`. Qualora volessi cercare la chiave associata ad un valore puoi usare il metodo `array_search` con tutti i tipi di array:

```php
<?php
$compleanni['Antonio'] = '12-01-1980';
$compleanni['Lucia'] = '15-09-1982';
$compleanni['Marco'] = '01-10-1981';

echo array_search('01-10-1981',
$compleanni); // Restituisce Marco

?>
```

Quante volte ti capita di dover unire, dividere gli array? Supponiamo di voler aggiungere altri compleanni a questo array già definito:

```php
<?php
$compleanni['Antonio'] = '12-01-1980';
$compleanni['Lucia'] = '15-09-1982';
$compleanni['Marco'] = '01-10-1981';

$compleanni2['Giuseppe'] = '01-01-2000';
$compleanni2['Donato'] = '15-07-2000';
print_r(array_merge($compleanni,
$compleanni2));
```

```php
// Risultato: Array ( [Antonio] => 12-
01-1980 [Lucia] => 15-09-1982 [Marco] =>
01-10-1981 [Giuseppe] => 01-01-2000
[Donato] => 15-07-2000 )
?>
```

La funzione `array_merge()` unisce uno o più array in un unico array. Puoi assegnare un solo array alla funzione o quanti ne desideri. Tuttavia, se due o più elementi dell'array hanno la stessa chiave, l'ultimo sostituisce i precedenti. Per non perdere questo valore si può usare `array_merge_recursive()` che al posto di sovrascrivere le chiavi, rende il valore un array, evitando la perdita di dati.

Se volessimo recuperare solo parte di un array possiamo affidarci al metodo `array_slice()`:

```php
<?php
$compleanni['Antonio'] = '12-01-1980';
$compleanni['Lucia'] = '15-09-1982';
$compleanni['Marco'] = '01-10-1981';
```

```php
print_r(array_slice($compleanni,1));

// Risultato: Array ( [Lucia] => 15-09-
1982 [Marco] => 01-10-1981 )

?>
```

Il primo argomento della funzione è l'array da cui recuperare i dati, il secondo è un valore numerico che indica l'elemento da cui si vuole iniziare a recuperare, il terzo argomento (facoltativo) specifica la lunghezza dell'array da restituire ovvero quanti elementi restituire.

Ordinare gli array

Immaginiamo di avere un array associativo con l'età dei dipendenti. Vogliamo ordinare questo array in base all'età in modo da vedere chi andrà in pensione quest'anno. La funzione `asort()` ordina un array associativo in ordine crescente, in base al valore. Si può utilizzare la funzione `arsort()` per ordinare un array associativo in ordine decrescente, in base al valore.

```php
<?php
$eta=array("Antonio"=>"35","Filippo"=>"4
8","Michele"=>"21","Giorgia"=>"43",
"Giuseppe"=>"68");

asort($eta);
print_r($eta);
echo '<br><br>';

// Risultato: Array ( [Michele] => 21
[Antonio] => 35 [Giorgia] => 43
[Filippo] => 48 [Giuseppe] => 68 )

arsort($eta);
print_r($eta);
```

```php
// Risultato: Array ( [Giuseppe] => 68
[Filippo] => 48 [Giorgia] => 43
[Antonio] => 35 [Michele] => 21 )
?>
```

La funzione `rsort()`, invece, ordina un array indicizzato in ordine decrescente. Puoi utilizzare la funzione `sort()` per ordinare un array indicizzato in ordine crescente.

```php
<?php
$nomi=array("Antonio", "Filippo",
"Michele", "Giorgia", "Giuseppe");

sort($nomi);
print_r($nomi);
echo '<br><br>';

// Risultato: Array ( [0] => Antonio [1]
=> Filippo [2] => Giorgia [3] =>
Giuseppe [4] => Michele )

rsort($nomi);
print_r($nomi);

// Risultato: Array ( [0] => Michele [1]
=> Giuseppe [2] => Giorgia [3] =>
Filippo [4] => Antonio )
?>
```

Capitolo 10: PHP e MySQL

Ecco cosa abbiamo adesso: due potenti strumenti a nostra disposizione. Da una parte il linguaggio di scripting PHP e dall'altra il motore di database MySQL, è importante capire come questi si incastreranno. L'intera idea di un sito Web basato su database è quella di consentire al contenuto del sito di risiedere in un database, in modo che il contenuto possa essere estratto dinamicamente dal database per creare pagine Web da visualizzare su un normale browser.

Ad un'estremità del sistema hai un visitatore del tuo sito che utilizza un browser web per richiedere una pagina, quel browser si aspetta di ricevere in cambio un documento HTML standard. All'altra estremità hai il contenuto del tuo sito, che si trova in una o più tabelle in un database MySQL che sa soltanto come rispondere alle query SQL (comandi).

Il linguaggio di scripting PHP è il tramite che parla entrambe le lingue, esso elabora la richiesta della pagina e recupera i dati dal database MySQL (utilizzando query SQL). In questo modo genera dinamicamente la pagina HTML ben formattata che il browser si aspetta.

Questo è ciò che accade quando c'è un visitatore di una pagina sul tuo sito web basato su database:

1. Il browser web del visitatore richiede la pagina web dal tuo server web.
2. Il software del server web (tipicamente Apache) riconosce che il file richiesto è uno script PHP, quindi il server attiva

l'interprete PHP per eseguire il codice contenuto nel file.

3. Alcuni comandi PHP (che saranno al centro di questo capitolo) si connettono al database MySQL e richiedono il contenuto che appartiene alla pagina web.

4. Il database MySQL risponde inviando il contenuto richiesto allo script PHP.

5. Lo script PHP memorizza il contenuto in una o più variabili PHP, quindi utilizza le istruzioni `echo` per generare il contenuto come parte della pagina web.

6. L'interprete PHP termina consegnando una copia dell'HTML che ha creato al server web.

7. Il server web invia l'HTML al browser web come se fosse un semplice file HTML, tranne per il fatto che invece di provenire direttamente da un file

HTML, la pagina è l'output fornito dall'interprete PHP. Il browser, tuttavia, non ha modo di saperlo e dal suo punto di vista, richiede e riceve una pagina web come le altre.

Affinché PHP possa connettersi al server del database MySQL, dovrà utilizzare un nome utente e una password. In fase di sviluppo il tuo DB potrebbe avere solo dei dati fittizi, ma ben presto potrebbe contenere informazioni sensibili come indirizzi e-mail e altri dettagli privati sugli utenti del tuo sito web.

Per questo motivo, MySQL è progettato per essere molto sicuro, può offrire un controllo su quali connessioni accettare e cosa queste connessioni possono fare. Di solito, viene impostata la password per l'utente `root` del server di database MySQL. In questo caso, potresti usare quel nome utente e la password per connettere i tuoi script PHP al tuo server MySQL, ma in realtà non dovresti.

L'utente `root` si riferisce ad un account di amministrazione; se la password di quell'account cadesse nelle mani sbagliate, un utente malintenzionato potrebbe causare gravi danni. Nella maggior parte dei casi, ci saranno altri livelli di sicurezza che impediscono che ciò accada (ad esempio, un firewall che impedisce le connessioni al database dall'esterno della rete del tuo host web), ma è meglio prevenire che curare.

In questo caso dovresti creare un nuovo account con solo i privilegi specifici di cui ha bisogno per funzionare sul database da cui dipende il tuo sito web.

Mysqli

Per archiviare o accedere ai dati all'interno di un database MySQL, è prima necessario connettersi al server del database MySQL. PHP offre due diversi modi per connettersi al server MySQL: estensioni MySQLi (Improved MySQL) e PDO (PHP Data Objects).

Mentre l'estensione PDO è più portabile e supporta più di dodici database diversi, l'estensione MySQLi come suggerisce il nome supporta solo database MySQL. Quest'ultima fornisce tuttavia un modo più semplice per connettersi ed eseguire query su un server di database MySQL. Sia PDO che MySQLi offrono un'API orientata agli oggetti, ma MySQLi offre anche un'API procedurale che è molto facile da capire per i principianti ed è questa che andremo ad utilizzare.

Apertura e chiusura della connessione

In PHP puoi collegarti facilmente usando la funzione `mysqli_connect()`, infatti tutte le comunicazioni tra PHP e il server di database MySQL avvengono tramite questa connessione. Ecco le sintassi di base per la connessione a MySQL utilizzando le estensioni MySQLi, il primo esempio si riferisce alla modalità procedurale, il secondo a quella orientata agli oggetti:

```php
<?php
/* Tentativo di connessione al server
MySQL. Supponendo che tu stia
 eseguendo il server MySQL con
l'impostazione predefinita (utente
'root' senza password) */
$link = mysqli_connect("localhost",
"root", "");


// Controllo la connessione
if($link === false){
```

```php
    die("ERRORE: Impossibile
connettersi. " .mysqli_connect_error());
}

// Stampa alcune informazioni
echo "Connesso con successo.
Informazioni
host:".mysqli_get_host_info($link);
?>

<?php
/* Tentativo di connessione al server
MySQL. Supponendo che tu stia
 eseguendo il server MySQL con
l'impostazione predefinita (utente
'root' senza password) */
$mysqli = new mysqli("localhost",
"root", "", "demo");

// Controllo la connessione
if($mysqli === false){
    die("ERRORE: Impossibile
connettersi. " . mysqli->connect_error);
}

// Stampa alcune informazioni
echo "Connesso con successo.
Informazioni host:". $mysqli->host_info;
?>
```

Il primo parametro nella sintassi specifica il
nome host (ad esempio localhost) o
l'indirizzo IP del server MySQL, mentre i

parametri nome utente e password specificano le credenziali per accedere al server MySQL e l'ultimo parametro, se fornito, specificherà il database predefinito MySQL da utilizzare durante l'esecuzione di query.

La connessione al server del database MySQL verrà chiusa automaticamente non appena termina l'esecuzione dello script. Tuttavia, se hai necessità di chiuderla prima, puoi farlo semplicemente chiamando la funzione PHP `mysqli_close()`, come prima, il primo esempio si riferisce alla modalità procedurale, il secondo a quella orientata agli oggetti:

```php
<?php
/* Tentativo di connessione al server
MySQL. Supponendo che tu stia
  eseguendo il server MySQL con
l'impostazione predefinita (utente
'root' senza password) */
$link = mysqli_connect("localhost",
"root", "");
```

```php
// Controllo la connessione
if($link === false){
    die("ERRORE: Impossibile
connettersi. " .
mysqli_connect_error());
}

// Stampa alcune informazioni
echo "Connesso con successo.
Informazioni host:" .
mysqli_get_host_info($link);

// Chiudo la connessione
mysqli_close($link);
?>

<?php
/* Tentativo di connessione al server
MySQL. Supponendo che tu stia
 eseguendo il server MySQL con
l'impostazione predefinita (utente
'root' senza password) */
$mysqli = new mysqli("localhost",
"root", "", "demo");

// Controllo la connessione
if($mysqli === false){
    die("ERRORE: Impossibile
connettersi. " . mysqli->connect_error);
}

// Stampa alcune informazioni
echo "Connesso con successo.
Informazioni host:" . $mysqli-
>host_info;

// Chiudo la connessione
```

```php
$mysqli->close();
?>
```

Come eseguire le query SQL

L'istruzione `INSERT INTO` viene utilizzata per inserire nuove righe in una tabella del database. Prepariamo una query SQL utilizzando l'istruzione `INSERT INTO` con i valori appropriati, dopodiché eseguiremo questa query di inserimento passandola alla funzione PHP `mysqli_query()` per inserire i dati nella tabella. Ecco un esempio, che inserisce una nuova riga nella tabella `persone` specificando i valori per i campi nome, cognome ed e-mail.

Assumiamo che questa tabella abbia un campo `id` contrassegnato con il flag `AUTO_INCREMENT`. Questo modificatore dice a MySQL di assegnare automaticamente un valore a questo campo se non viene specificato, incrementando il valore precedente di 1 unità.

Ecco un esempio in modalità procedurale e uno in modalità OOP:

```php
<?php
/* Tentativo di connessione al server
MySQL. Supponendo che tu stia
 eseguendo il server MySQL con
l'impostazione predefinita (utente
'root' senza password) */
$link = mysqli_connect("localhost",
"root", "");


// Controllo la connessione
if($link === false){
    die("ERRORE: Impossibile
connettersi. " .
mysqli_connect_error());
}

// Provo ad inserire una riga
$sql = "INSERT INTO persone (nome,
cognome, email) VALUES ('Antonio',
'Rossi', 'antonio@rossi.it')";
if(mysqli_query($link, $sql)){
    echo "Record aggiunto con
successo.";
} else{
    echo "ERRORE: Impossibile eseguire
$sql. " . mysqli_error($link);
}

// Chiudo la connessione
mysqli_close($link);
?>
```

```php
<?php
/* Tentativo di connessione al server
MySQL. Supponendo che tu stia
 eseguendo il server MySQL con
l'impostazione predefinita (utente
'root' senza password) */
$mysqli = new mysqli("localhost",
"root", "", "demo");


// Controllo la connessione
if($mysqli === false){
    die("ERRORE: Impossibile
connettersi. " . mysqli->connect_error);
}

// Provo ad inserire una riga
$sql = "INSERT INTO persone (nome,
cognome, email) VALUES ('Antonio',
'Rossi', 'antonio@rossi.it')";
if($mysqli->query($sql) === true){
    echo "Record aggiunto con
successo.";
} else{
    echo "ERRORE: Impossibile eseguire
$sql. " . $mysqli->error;
}

// Chiudo la connessione
$mysqli->close();
?>
```

Se tutto è andato a buon fine è possibile
trovare la corrispondente riga attraverso

phpMyAdmin all'interno del database demo nella tabella persone. Se si tratta della prima riga nella tabella essa avrà id pari a 1.

Con la stessa facilità è possibile aggiornare o cancellare delle righe da una tabella. Utilizzeremo l'istruzione UPDATE per cambiare o modificare i record esistenti in una tabella del database. Questa istruzione viene generalmente utilizzata in combinazione con la clausola WHERE per applicare le modifiche solo a quei record che corrispondono a dei criteri specifici. La sintassi di base dell'istruzione UPDATE può essere fornita è la seguente:

```
UPDATE nome_tabella SET colonna1 = valore, colonna2 = valore2, ... WHERE nome_colonna = valore
```

Prepariamo una query SQL usando l'istruzione UPDATE e la clausola WHERE, dopodiché eseguiremo questa query passandola alla funzione `mysqli_query()` di PHP per aggiornare i record delle tabelle. Andiamo ad aggiornare l'indirizzo e-mail dell'utente aggiunto in precedenza:

```php
<?php
/* Tentativo di connessione al server
MySQL. Supponendo che tu stia
 eseguendo il server MySQL con
l'impostazione predefinita (utente
'root' senza password) */
$link = mysqli_connect("localhost",
"root", "");


// Controllo la connessione
if($link === false){
    die("ERRORE: Impossibile
connettersi. " .
mysqli_connect_error());
}

// Provo ad eseguire un aggiornamento
$sql = "UPDATE persone SET
email='antoniorossi@mail.it' WHERE
id=1";
if(mysqli_query($link, $sql)){
    echo "Record aggiunto con
successo.";
} else{
    echo "ERRORE: Impossibile eseguire
$sql. " . mysqli_error($link);
}
```

```php
// Chiudo la connessione
mysqli_close($link);
?>

<?php
/* Tentativo di connessione al server
MySQL. Supponendo che tu stia
 eseguendo il server MySQL con
l'impostazione predefinita (utente
'root' senza password) */
$mysqli = new mysqli("localhost",
"root", "", "demo");


// Controllo la connessione
if($mysqli === false){
    die("ERRORE: Impossibile
connettersi. " . mysqli->connect_error);
}

// Provo ad eseguire un aggiornamento
$sql = "UPDATE persone SET
email='antoniorossi@mail.it' WHERE
id=1";
if($mysqli->query($sql) === true){
    echo "Record aggiunto con
successo.";
} else{
    echo "ERRORE: Impossibile eseguire
$sql. " . $mysqli->error;
}

// Chiudo la connessione
$mysqli->close();
?>
```

Proprio come inserisci i record nelle tabelle, puoi eliminare i record da una tabella utilizzando l'istruzione SQL `DELETE`. Viene tipicamente utilizzata in combinazione con la clausola `WHERE` per eliminare solo i record che corrispondono a criteri o condizioni specifici.

La sintassi di base dell'istruzione DELETE può essere fornita con:

```
DELETE        FROM        nome_tabella        WHERE
nome_colonna = valore
```

Prepariamo una query SQL utilizzando l'istruzione `DELETE` e la clausola `WHERE`, dopodiché eseguiremo questa query passandola alla funzione PHP `mysqli_query()` per eliminare i record delle tabelle.

```php
<?php
/* Tentativo di connessione al server
MySQL. Supponendo che tu stia
```

```php
 eseguendo il server MySQL con
l'impostazione predefinita (utente
'root' senza password) */
$link = mysqli_connect("localhost",
"root", "");


// Controllo la connessione
if($link === false){
    die("ERRORE: Impossibile
connettersi. " .
mysqli_connect_error());
}

// Provo a cancellare tutte le persone
che hanno nome Antonio
$sql = "DELETE FROM persone WHERE
nome='Antonio'";
if(mysqli_query($link, $sql)){
    echo "Record aggiunto con
successo.";
} else{
    echo "ERRORE: Impossibile eseguire
$sql. " . mysqli_error($link);
}

// Chiudo la connessione
mysqli_close($link);
?>

<?php
/* Tentativo di connessione al server
MySQL. Supponendo che tu stia
 eseguendo il server MySQL con
l'impostazione predefinita (utente
'root' senza password) */
$mysqli = new mysqli("localhost",
"root", "", "demo");
```

```php
// Controllo la connessione
if($mysqli === false){
    die("ERRORE: Impossibile
connettersi. " . mysqli->connect_error);
}

// Provo a cancellare tutte le persone
che hanno nome Antonio
$sql = "DELETE FROM persone WHERE
nome='Antonio'";
if($mysqli->query($sql) === true){
    echo "Record aggiunto con
successo.";
} else{
    echo "ERRORE: Impossibile eseguire
$sql. " . $mysqli->error;
}

// Chiudo la connessione
$mysqli->close();
?>
```

Il fetching dei risultati

Finora hai imparato a creare database e tabelle, nonché ad inserire i dati. Ora è il momento di recuperare i dati che hai inserito precedentemente grazie a PHP. L'istruzione SQL `SELECT` viene utilizzata per selezionare i record dalle tabelle del database. La sua sintassi di base è la seguente:

```
SELECT    nome_colonna1,    nome_colonna2,
nome_colonna FROM nome_tabella;
```

Prepariamo una query SQL utilizzando l'istruzione SELECT, dopodiché eseguiremo questa query SQL passandola alla solita funzione `mysqli_query()` di PHP per recuperare i dati della tabella.

```php
<?php
/* Tentativo di connessione al server
MySQL. Supponendo che tu stia
```

```php
 eseguendo il server MySQL con
l'impostazione predefinita (utente
'root' senza password) */
$link = mysqli_connect("localhost",
"root", "");


// Controllo la connessione
if($link === false){
    die("ERRORE: Impossibile
connettersi. " .
mysqli_connect_error());
}

// Provo a recuperare i dati
$sql = "SELECT * FROM persone";
if($risultato = mysqli_query($link,
$sql)){
    if(mysqli_num_rows($risultato) > 0){
        echo "<table>";
            echo "<tr>";
                echo "<th>id</th>";
                echo "<th>nome</th>";
                echo "<th>cognome</th>";
                echo "<th>e-mail</th>";
            echo "</tr>";
        while($row =
mysqli_fetch_array($risultato)){
                echo "<tr>";
                echo "<td>" . $row['id']
. "</td>";
                echo "<td>" .
$row['nome'] . "</td>";
                echo "<td>" .
$row['cognome'] . "</td>";
                echo "<td>" . $row['e-
mail'] . "</td>";
                echo "</tr>";
```

```php
        }
        echo "</table>";

        // Libero un po' di memoria

mysqli_free_risultato($risultato);
    } else{
        echo "Non sono stati trovati
record corrispondenti alla tua query.";
    }
} else{
    echo "ERRORE: Impossibile eseguire
$sql. " . mysqli_error($link);
}

// Chiudo la connessione
mysqli_close($link);
?>

<?php
/* Tentativo di connessione al server
MySQL. Supponendo che tu stia
 eseguendo il server MySQL con
l'impostazione predefinita (utente
'root' senza password) */
$mysqli = new mysqli("localhost",
"root", "", "demo");


// Controllo la connessione
if($mysqli === false){
    die("ERRORE: Impossibile
connettersi. " . mysqli->connect_error);
}

// Provo a recuperare i dati
$sql = "SELECT * FROM persone";
if($risultato = $mysqli->query($sql)){
```

```php
    if($risultato->num_rows > 0){
        echo "<table>";
            echo "<tr>";
                echo "<th>id</th>";
                echo "<th>nome</th>";
                echo "<th>cognome</th>";
                echo "<th>e-mail</th>";
            echo "</tr>";
        while($row = $risultato->fetch_array()){
                echo "<tr>";
                    echo "<td>" . $row['id'] . "</td>";
                    echo "<td>" . $row['nome'] . "</td>";
                    echo "<td>" . $row['cognome'] . "</td>";
                    echo "<td>" . $row['e-mail'] . "</td>";
                echo "</tr>";
        }
        echo "</table>";

        // Libero un po' di memoria
        $risultato->free();
    } else{
        echo "Non sono stati trovati record corrispondenti alla tua query.";
    }
} else{
    echo "ERRORE: Impossibile eseguire $sql. " . $mysqli->error;
}

// Chiudo la connessione
$mysqli->close();
?>
```

Proprio come faresti in SQL, puoi aggiungere le condizioni `WHERE` per far in modo che i record restituiti rispettino delle condizioni. In questo caso avresti qualcosa simile a:

```php
<?php
$sql = "SELECT * FROM persone WHERE nome = 'Antonio'";
?>
```

Per limitare il numero di righe restituite dall'istruzione `SELECT` viene utilizzata la clausola `LIMIT`. Questa funzione è molto utile per ottimizzare il tempo di caricamento della pagina e per migliorare la leggibilità di un sito web. Ad esempio, è possibile dividere il gran numero di record in più pagine utilizzando l'impaginazione, in questo modo, solo un numero limitato di record verrà caricato su ogni pagina dal database quando un utente richiede quella pagina facendo clic sul link dell'impaginazione.

La sintassi di base della clausola `LIMIT` è la seguente:

```
SELECT nome_colonna / e FROM nome_tabella
LIMIT row_offset, row_count;
```

La clausola `LIMIT` accetta uno o due parametri che devono essere un numero intero non negativo. Quando vengono specificati due parametri, il primo parametro specifica l'offset della prima riga da restituire, ovvero il punto iniziale mentre il secondo parametro specifica il numero di righe da restituire. L'offset della prima riga è 0 (e non 1, come si potrebbe pensare).

Quando viene fornito un solo parametro, viene specificato il numero massimo di righe da restituire dall'inizio del set di risultati, ad esempio, per recuperare le prime tre righe, puoi utilizzare la seguente query:

```
SELECT * FROM persone LIMIT 3;
```

Per recuperare le righe 2-4 (incluse) di un set di risultati, puoi utilizzare la seguente query:

```
SELECT * FROM persone LIMIT 1, 3;
```

Prepariamo una query SQL utilizzando la clausola `LIMIT` nell'istruzione `SELECT`, dopodiché eseguiremo questa query passandola alla funzione `mysqli_query()` di PHP per ottenere il numero limitato di record.

```php
<?php
$sql = "SELECT * FROM persone LIMIT 3";
?>
```

Infine, ma non meno importante, troviamo la possibilità di far restituire valori già ordinati da MySQL, evitando l'ordinamento con PHP in un secondo momento. La clausola ORDER BY può essere utilizzata insieme all'istruzione SELECT per visualizzare i dati di una tabella ordinati in base a un campo specifico. La clausola ORDER BY consente di definire il nome del campo in base al quale eseguire l'ordinamento ed il verso dell'ordinamento (ascendente o discendente).

La sintassi di base di questa clausola può essere fornita con:

```
SELECT nome/i colonna/e FROM nome_tabella
ORDER BY nome/i colonna/e ASC | DESC
```

Prepariamo una query SQL utilizzando la clausola ORDER BY nell'istruzione SELECT, dopodiché eseguiremo questa query passandola alla funzione mysqli_query() di PHP per ottenere i dati ordinati:

```php
<?php
$sql = "SELECT * FROM persone ORDER BY nome";
```

```
?>
```

In questo capitolo abbiamo visto come utilizzare MySQL in combinazione con PHP per gestire un database e per creare pagine dinamiche con PHP. Nel prossimo capitolo approfondiremo il legame tra PHP e HTML in modo più approfondito, dato che se sei giunto fin qui, hai già un po' di esperienza con le pagine web e con le istruzioni `echo`, `print` e `print_r`.

Capitolo 11: PHP e HTML

Prima di buttarti a capofitto nella realizzazione del tuo progetto con PHP, voglio mostrarti alcune tecniche per strutturare meglio il tuo codice. Le tecniche di codifica strutturata sono utili in tutti i progetti PHP tranne che nei più semplici.

Probabilmente hai già pensato come suddividere il tuo codice PHP in più file: magari con un controller e una serie di modelli associati. Ciò consente di mantenere la logica lato server del sito separata dal codice HTML utilizzato per visualizzare il contenuto dinamico generato da tale logica. Per fare ciò, hai imparato a usare il comando PHP `include`.

Il linguaggio PHP offre molti di questi servizi per aiutarti a creare una struttura per il tuo codice. Il più potente di questi è senza dubbio il suo supporto per la programmazione orientata agli oggetti (OOP) ma non c'è bisogno di apprendere tutte le complessità dell'OOP per costruire applicazioni complesse (e ben strutturate) con PHP.

Per fortuna, ci sono anche opportunità per strutturare il tuo codice attraverso le caratteristiche più basilari di PHP. In questo capitolo, esplorerò alcuni semplici modi per mantenere il tuo codice gestibile e facile da modificare, in modo da evitare la ridondanza.

Anche siti Web molto semplici e basati su PHP richiedono spesso la stessa parte di codice in più punti. Hai già imparato a usare il comando PHP `include` per caricare un modello PHP dall'interno del tuo controller; si scopre che puoi usare la stessa funzione per evitare di dover scrivere lo stesso codice più e più volte.

I file di inclusione (noti anche come `include`) contengono frammenti di codice PHP che puoi quindi caricare negli altri script PHP invece di doverli riscrivere. Il concetto di file `include` è arrivato molto prima di PHP.

Se sei un programmatore esperto potresti aver sperimentato con Server-side Include (SSI). Una caratteristica di quasi tutti i server web in circolazione, le SSI ti consentono di inserire frammenti di HTML (e JavaScript e CSS) di uso comune in file di inclusione che puoi quindi utilizzare in più pagine.

In PHP, i file di inclusione più comunemente contengono codice PHP puro o, nel caso di modelli PHP, una combinazione di codice HTML e PHP ma attenzione, non devi inserire il codice PHP nei tuoi file `include`.

Se lo desideri, un file `include` può contenere HTML strettamente statico. Ciò è particolarmente utile per condividere elementi di design comuni nel tuo sito, come il copyright da visualizzare in fondo a ogni pagina:

```
<div id="footer">
  I contenuti di questa pagina web sono
protetti da copyright 2020 Pippo Inc.
Tutti i diritti sono riservati.
</div>
```

Questo file è un frammento di modello, un file di inclusione che deve essere utilizzato dai modelli PHP. Per distinguere questo tipo di file dagli altri nel tuo progetto, ti consiglio di dargli un nome che finisca con `.inc.html.php`.

Puoi utilizzare questo frammento in uno qualsiasi dei tuoi modelli PHP:

```
<!DOCTYPE html>
<html lang="it">
  <head>
  <meta charset="utf-8">
  <title>Pagina di esempio</title>
  </head>
  <body>
  <p id="main">
```

```
  Questa pagina utilizza un'inclusione
statica per visualizzare di seguito il
copyright standard.
  </p>
<?php include 'footer.inc.html.php'; ?>
  </body>
</html>
```

Infine, ecco il controller che carica questo modello:

```
<?php
include 'paginaesempio.html.php';
?>
```

Ora tutto ciò che devi fare per aggiornare il tuo copyright è modificare `footer.inc.html.php`. Dimentica l'operazione "trova e sostituisci" che richiede molto tempo ed è soggetta ad errori! Ovviamente, se vuoi puoi davvero semplificarti la vita, lasciando che PHP faccia il lavoro per te:

```
<div id="footer">
  I contenuti di questa pagina web sono
protetti da copyright <?php echo
```

```
date('Y'); ?> Pippo Inc. Tutti i diritti
sono riservati.
</div>
```

Ora hai a disposizione una conoscenza pratica della sintassi di base del linguaggio di programmazione PHP. Sai che puoi prendere qualsiasi pagina web HTML, rinominarla con un'estensione del nome di file `.php` e inserire codice PHP in essa per generare il contenuto della pagina al volo. Non male vero?

Prima di andare oltre, tuttavia, voglio fermarmi e fare un'osservazione critica sugli esempi che abbiamo discusso finora. Supponendo che il tuo obiettivo sia creare siti Web collegati ad un database che soddisfino gli standard professionali, ci sono alcune imperfezioni da rimuovere. Tutto questo ti garantirà un sito più sicuro e un'alta qualità del tuo software.

Gli esempi che abbiamo visto finora contenevano un misto di semplici file HTML (con nomi che finiscono in `.html`) e file che contengono un misto di HTML e PHP (con nomi che finiscono in `.php`). Sebbene questa distinzione tra i tipi di file possa essere utile a te sviluppatore, non c'è motivo per i tuoi utenti di sapere quali pagine del sito si basano sul codice PHP per generarli.

Inoltre, sebbene PHP sia una scelta tecnologica molto solida per creare quasi tutti i siti Web collegati ad un database, potrebbe arrivare il giorno in cui si desidera passare da PHP a qualche nuova tecnologia.

Quando vuoi davvero che tutti gli URL delle pagine dinamiche del tuo sito diventino dei "broken link" passando ad un nuovo linguaggio di programmazione?

In questi giorni, gli sviluppatori professionisti danno molta importanza agli URL che pubblicano nel Web. Un modo semplice per eliminare le estensioni dei nomi di file negli URL è sfruttare gli indici di directory. Quando un URL punta a una directory sul tuo server web, invece di un particolare file, il server web cercherà un file denominato `index.html` o `index.php` all'interno di quella directory e visualizzerà quel file in risposta alla richiesta.

Ad esempio, prendiamo una pagina `dataOdierna.php`. Puoi rinominarla da `dataOdierna.php` ad `index.php` quindi, invece di lasciarlo nella radice del tuo server web, crea una sottodirectory denominata `data` e posiziona lì il file `index.php`.

Ora, carica `http://localhost/data/` nel tuo browser (o `http://localhost:8888/data/` o simile se devi specificare un numero di porta per il tuo server).

Questo URL omette l'estensione `.php` che è necessaria, è più breve e più facile da ricordare: qualità fondamentali per gli URL di oggi.

Come stampare le variabili in HTML

Approfondiamo ora come "inserire" in un elemento HTML delle variabili PHP di cui disponi. Esistono diversi modi:

- Usando i delimitatori per intrecciare PHP e HTML
- Utilizzando il tag breve PHP
- Usando `echo` di un'intera stringa HTML
- Eseguendo una stampa formattata

Analizziamo questi metodi singolarmente e con qualche esempio per approfondimento.

Sappiamo che è possibile avviare uno script PHP con `<?php` e chiuderlo con `?>`. Questo è il primo metodo e ci basterà utilizzare `echo`, `print` o `print_r` per visualizzare le variabili.

```php
<?php
// Variabili
$p1 = "prova1";
$p2 = "prova2";
?>

<!-- (B) Stampo le variabili -->
<p><?php echo $p1; ?></p>
<p><?php echo $p2; ?></p>
```

Può essere noioso dover passare da PHP a HTML usando sempre il delimitatore, quindi è possibile usare una "scorciatoia" `<?=$variabile?>` per visualizzare una singola variabile.

```php
<?php
$frutti = ["Apple", "Beet", "Cherry"];
?>

<!-- Combino l'uso del delimitatore con
lo short tag -->
<ul>
  <?php foreach ($frutti as $frutto) {
?>
  <li><?=$frutto?></li>
  <?php } ?>
</ul>
```

Il terzo metodo è auto-esplicativo ed è utile quando hai più variabili da stampare. Il modo più intelligente è semplicemente consiste nello stampare l'intera stringa di HTML con echo.

```php
<?php
// echo di una stringa HTML
$p1 = "prova1";
$p2 = "prova2";
echo "<p>$p1 $p2</p>";

// Dichiaro un array
$persona = [
  "nome_completo" => "Antonio Rossi",
  "email" => "antonio@rossi.it"
];

// Questo non funziona
// echo "<p>$persona['nome_completo'] -
$persona['email']</p>";

// Sono necessarie le parentesi graffe
echo "<p>{$persona['nome_completo']} -
{$persona['email']}</p>";
```

A prima vista, la funzione `printf()` può sembrare solo un modo indiretto e confuso di eseguire echo. In realtà ci sono molti modi per formattare la stringa a tuo piacimento: padding con numeri, lettere, limitare le cifre decimali, allineamento e molto altro. Puoi trovare tutte le opzioni sul manuale PHP, ecco un esempio:

```php
<?php
// Dichiaro un array
$persona = [
  "nome_completo" => "Antonio Rossi",
  "email" => "antonio@rossi.it"
];

// Stampa formattata
foreach ($persona as $k=>$v) {
  printf("<div><strong>%s:</strong>
%s</div>", $k, $v);
}

// Risultato: nome_completo: Antonio
Rossi
//            email: antonio@rossi.it

$val = 123.45678;
printf("<p>Arrotondamento a due cifre
decimali %0.2f</p>", $val);

// Risultato: Arrotondamento a due cifre
decimali 123.46

$val = 0.432;
printf("<p>Padding a cinque zeri, due
cifre decimali %08.2f</p>", $val);
```

```php
// Risultato: Padding a cinque zeri, due
cifre decimali 00000.43

$val = "123";
printf("<p>Padding con il punto
%'.10d</p>", $val);

// Risultato: Padding con il punto
.......123

?>
```

Cicli PHP in HTML

Nei semplici esempi che abbiamo visto finora, l'inserimento di codice PHP direttamente nelle tue pagine HTML è stato un approccio piuttosto semplice. Man mano che la quantità di codice PHP necessaria per generare la tua pagina cresce, tuttavia, mantenere questa miscela di codice HTML e PHP può diventare ingestibile. Soprattutto se lavori in un team di web designer non così esperti, avere grandi blocchi di codice PHP mescolati con l'HTML è una ricetta per il disastro. È fin troppo facile per i progettisti modificare accidentalmente il codice PHP, causando errori che non saranno in grado di correggere.

Un approccio molto più robusto consiste nel separare la maggior parte del codice PHP in modo che risieda nel proprio file, lasciando l'HTML in gran parte non contaminato dal codice PHP. La chiave per farlo è l'istruzione `include` di PHP.

Con un'istruzione `include`, puoi inserire il contenuto di un altro file nel tuo codice PHP nel punto dell'istruzione. Per mostrarti come funziona, ricostruiamo l'esempio di ciclo per "contare fino a dieci". Iniziamo creando una nuova directory chiamata `conta10` e crea un file chiamato `index.php` in questa directory.

Apri il file e digita questo codice:

```php
<?php
$output = '';
for ($contatore = 1; $contatore <= 10;
++$contatore)
{
  $output .= "$contatore ";
}
include 'contatore.html.php';
```

Questo è il codice completo per questo file e non contiene alcun codice HTML. Il ciclo `for` dovrebbe esserti familiare ormai. Questo script aggiungerà questi numeri a una variabile chiamata `$output`.

All'inizio di questo script, impostiamo questa variabile in modo che contenga una stringa vuota. Questa riga aggiunge ogni numero (seguito da uno spazio) alla fine della variabile `$output`. L'operatore (`.=`) che vedi qui è un modo abbreviato per aggiungere un valore alla fine di una variabile stringa esistente, combinando gli operatori di assegnazione e concatenazione di stringhe in uno solo.

L'istruzione `include`, indica a PHP di eseguire il contenuto del file `contatore.html.php`. Potresti aver notato che il file non termina con un `?>` corrispondente all'apertura `<?php`.

Puoi inserirlo se lo desideri ma non è necessario, se un file PHP termina con del codice PHP, non è necessario indicare dove finisce il codice: la fine del file indica la fine del codice.

Ecco come si presenterebbe il codice HTML:

```html
<!DOCTYPE html>
<html lang="it">
 <head>
 <meta charset="utf-8">
 <title>Contatore</title>
 </head>
 <body>
 <p>
 <?php echo $output; ?>
 </p>
 </body>
</html>
```

Questo file è quasi interamente HTML, ad eccezione dell'unica riga che restituisce il valore della variabile `$output`. Questa è la stessa variabile `$output` creata dal file `index.php`.

Quello che abbiamo creato qui è un modello PHP: una pagina HTML con frammenti molto piccoli di codice PHP che inseriscono valori generati dinamicamente in una pagina HTML che altrimenti sarebbe stata statica. Piuttosto che incorporare il complesso codice PHP che genera quei valori nella pagina, mettiamo il codice per generare i valori in uno script PHP separato, `index.php` in questo caso.

L'utilizzo di modelli PHP come questo ti consente di consegnare i tuoi modelli ai designer HTML senza preoccuparti di cosa potrebbero fare al tuo codice PHP. Questo ti consente di concentrarti sul tuo codice PHP senza essere distratto dal codice HTML circostante.

Personalmente mi piace dare un nome ai miei file modello PHP in modo che finiscano con `.html.php`. Per quanto riguarda il tuo server web, però, questi sono ancora file `.php`; il suffisso `.html.php` serve come promemoria per ricordarti che questi file contengono sia codice HTML che PHP.

MySQL

Capitolo 1: Introduzione a MySQL

Cos'è MySQL?

MySQL è un sistema di gestione del database relazionale (RDBMS) open source supportato da Oracle e basato su SQL (Structured Query Language). MySQL è multipiattaforma quindi funziona praticamente su tutte le piattaforme incluse Linux, UNIX e Windows e, sebbene possa essere utilizzato in un'ampia gamma di applicazioni, è spesso associato alle applicazioni web e alla pubblicazione online.

MySQL è un componente importante di uno stack aziendale open source chiamato LAMP, si tratta di una piattaforma di sviluppo web che utilizza Linux come sistema operativo,

Apache come server web, MySQL come sistema di gestione di database relazionali e PHP come linguaggio di scripting orientato agli oggetti. (A volte viene utilizzato Perl o Python al posto di PHP.)

Frutto di un'idea della società svedese MySQL AB, MySQL è stato acquisito da Sun Microsystems nel 2008 e poi da Oracle quando ha acquistato Sun nel 2010. Gli sviluppatori possono utilizzare MySQL con la GNU General Public License (GPL) ma le aziende devono ottenere una licenza commerciale da Oracle.

Oggi, MySQL è l'RDBMS nascosto dietro molti dei migliori siti Web al mondo e innumerevoli applicazioni basate sul Web per aziende e utenti finali tra cui Facebook, Twitter e YouTube. Nonostante l'avvento dello sviluppo in cloud e la nascita di altri database, anche di tipo diverso, MySQL regge ancora il confronto tanto da essere utilizzato anche in ambito cloud.

MySQL, infatti, è stato progettato per essere compatibile con altri sistemi. Supporta la distribuzione in ambienti virtualizzati come Amazon RDS per MySQL, Amazon RDS per MariaDB e Amazon Aurora per MySQL. Gli utenti possono trasferire i propri dati a un database SQL Server utilizzando strumenti di migrazione del database come AWS Schema Conversion Tool e AWS Database Migration Service.

MySQL si basa su un modello client-server e il suo core è il server MySQL, che gestisce tutte le istruzioni (o comandi) del database. Il server MySQL è disponibile come programma separato per l'uso in un ambiente di rete client-server e come libreria che può essere incorporata (o collegata) in applicazioni separate. MySQL contiene, infatti, diversi programmi utili che supportano l'amministrazione dei database MySQL. I comandi vengono inviati a MySQL Server tramite il client MySQL, installato su un computer.

MySQL è stato originariamente sviluppato per gestire rapidamente database di grandi dimensioni. Sebbene MySQL sia tipicamente installato su una sola macchina, è possibile distribuire il database su più macchine, poiché gli utenti sono in grado di accedervi tramite diverse interfacce client MySQL. Queste interfacce inviano istruzioni SQL al server e quindi visualizzano i risultati.

I punti di forza di MySQL?

Oltre alla capacità di replicare dati e tabelle in modo efficiente e rapido, MySQL consente l'archiviazione e l'accesso ai dati su più motori di archiviazione, inclusi InnoDB, CSV e NDB. Gli utenti MySQL non sono tenuti ad apprendere nuovi comandi in quanti possono accedere ai propri dati utilizzando i comandi SQL standard.

La portabilità è un altro fattore chiave di MySQL, infatti poiché scritto in C e C++, è accessibile e disponibile su oltre 20 piattaforme incluse Mac, Windows, Linux e Unix. L'RDBMS supporta database di grandi dimensioni con milioni di record e supporta molti tipi di dati, inclusi interi con o senza segno di 1, 2, 3, 4 e 8 byte; `FLOAT`; `DOUBLE`; `CHAR`; `VARCHAR`; `BINARY`; `VARBINARY`; `TEXT`; `BLOB`;

`DATE`; `TIME`; `TIMESTAMP`; `YEAR`; `ENUM` **tanti altri tipi come le stringhe a lunghezza fissa e variabile.**

Per sicurezza, MySQL utilizza dei privilegi di accesso e un sistema di password crittografate che consente la verifica basata su host. I client MySQL possono connettersi a MySQL Server utilizzando diversi protocolli, inclusi i socket TCP/IP su qualsiasi piattaforma.

MySQL supporta anche una serie di programmi client e di utilità, programmi da riga di comando e strumenti di amministrazione come MySQL Workbench. Grazie a questo programma potresti evitare di imparare la sintassi SQL per eseguire tutte le operazioni sul tuo database, tuttavia, ogni azione visiva viene trasformata in un'istruzione SQL automaticamente.

MySQL, essendo open source è noto anche per i suoi fork:

- Drizzle, un sistema di gestione di database e leggero in fase di sviluppo basato su MySQL 6.0;

- MariaDB, un popolare sostituto sviluppato dalla community per MySQL che utilizza API e comandi di MySQL;

- Percona Server con XtraDB, una versione migliorata di MySQL nota per la scalabilità orizzontale.

MySQL consente inoltre agli utenti di scegliere il motore di archiviazione più efficace per una determinata tabella, poiché il programma è in grado di utilizzare più motori di archiviazione per singole tabelle. Uno di questi motori di MySQL è InnoDB, interamente progettato per un'elevata affidabilità e per questo motivo, non è veloce come gli altri motori.

SQL utilizza il proprio sistema di archiviazione ma mantiene più protezioni contro la perdita di dati. Per garantire un'elevata affidabilità si possono eseguire entrambi i sistemi in cluster.

Infine, ma non meno importante, SQL Server offre un'ampia varietà di strumenti di analisi e report dei dati. SQL Server Reporting Services è il più popolare ed è disponibile come download gratuito. Esistono strumenti di analisi simili per MySQL disponibili da società di software di terze parti, come Crystal Reports XI e Actuate BIRT.

Capitolo 2: Primi passi

Per configurare il nostro sistema possiamo scegliere tra due software con soluzioni "all-in-one" e si tratta di XAMPP o MAMP. Il primo crea un ambiente server per PHP offrendo la possibilità di usare anche Perl, Python e Tomcat, il secondo è un pacchetto disponibile solo per Windows e macOS e consente di installare Apache, Nginx, PHP e MySQL.

Trattandosi in entrambi i casi di configurazioni guidate e di prodotti simili, mostreremo solo l'installazione di XAMPP che probabilmente è il più diffuso.

Come installare XAMPP

Il nome XAMPP è un acronimo, con ciascuna lettera che rappresenta uno dei cinque componenti chiave. Il pacchetto software contiene il server web Apache, il sistema di gestione del database relazionale MySQL (o MariaDB) e i linguaggi di scripting Perl e PHP. La X iniziale sta per i sistemi operativi con cui funziona: Linux, Windows e Mac OS X.

Apache: il server web open source più utilizzato al mondo per la distribuzione di contenuti web. L'applicazione server è resa disponibile come software gratuito dalla Apache Software Foundation.

MySQL / MariaDB: in combinazione con il server web Apache e il linguaggio di scripting PHP, MySQL offre l'archiviazione dei dati per i servizi web. Le attuali versioni di XAMPP hanno sostituito MySQL con MariaDB (un fork sviluppato dalla comunità del progetto MySQL, realizzato dagli sviluppatori originali). Non preoccuparti di ciò in quanto ogni comando valido in MariaDB è valido anche in MySQL.

PHP: il linguaggio di programmazione lato server PHP consente agli utenti di creare siti Web o applicazioni dinamiche. PHP può essere installato su tutte le piattaforme e supporta diversi sistemi di database.

Perl: il linguaggio di scripting Perl viene utilizzato nell'amministrazione del sistema, nello sviluppo web e nella programmazione di rete. Come PHP, Perl consente agli utenti di programmare applicazioni web dinamiche.

Oltre a questi componenti principali, questa distribuzione gratuita di Apache contiene altri strumenti utili che variano a seconda del sistema operativo. Questi strumenti includono il server di posta Mercury, lo strumento di amministrazione del database phpMyAdmin, le soluzioni software di analisi dei dati web Webalizer, OpenSSL e Apache Tomcat e i server FTP FileZilla o ProFTPd.

Un server XAMPP può essere installato e utilizzato con un singolo file eseguibile in modo rapido e semplice, fungendo da sistema di test locale per Linux, Windows e Mac OS X. Il pacchetto software contiene gli stessi componenti che si trovano sui server Web comuni ma in questo modo gli sviluppatori hanno la possibilità di testare i loro progetti a livello locale e di trasferirli facilmente ai sistemi produttivi.

Tuttavia, XAMPP non è adatto per essere utilizzato come server pubblico, perché molte funzionalità di sicurezza sono state deliberatamente omesse per semplificare e velocizzare il sistema per i test.

Questo sottocapitolo ti guiderà attraverso il processo di installazione del pacchetto software su Windows. Se utilizzi Linux o Mac OS X, i passaggi elencati di seguito per il processo di installazione potrebbero essere diversi.

XAMPP è una versione resa disponibile dal progetto non profit Apache Friends. Sono disponibili le versioni con PHP 5.6, 7 o 8 sul sito Web di Apache Friends. Una volta scaricato il pacchetto software, è possibile avviare l'installazione facendo doppio clic sul file con l'estensione `.exe`.

Si consiglia di sospendere temporaneamente qualsiasi antivirus fino a quando tutti i componenti XAMPP non sono stati installati correttamente perché gli antivirus possono influire negativamente sul processo di installazione. Anche il controllo dell'account utente (UAC) può interferire con l'installazione di XAMPP perché limita l'accesso in scrittura all'unità `c:` quindi ti consigliamo di disattivare anche questo per la durata del processo di installazione.

Dopo aver aperto il file `.exe` (dopo aver disattivato i programmi antivirus e preso nota del controllo dell'account utente), dovrebbe apparire automaticamente la schermata iniziale della procedura guidata di configurazione di XAMPP. Fare clic su "Avanti" per configurare le impostazioni di installazione.

Nella schermata di "Seleziona componenti", hai la possibilità di escludere i singoli componenti del pacchetto software XAMPP dall'installazione.

Per ottenere un server di test locale completo, ti consigliamo di installare tutti i componenti disponibili mantenendo la configurazione standard. Dopo aver effettuato la scelta, fare clic su "Avanti".

Nel passaggio successivo, hai la possibilità di scegliere dove desideri installare il pacchetto software XAMPP. Se opti per la configurazione standard, verrà creata una cartella con il nome XAMPP in c:\, dopo aver scelto la destinazione, fai clic su "Avanti".

Una volta che tutte le suddette preferenze sono state impostate, la procedura guidata di installazione decomprimerà e installerà i componenti selezionati e li salverà nella directory indicata. Questo processo può richiedere diversi minuti e puoi seguire lo stato di avanzamento di questa installazione tenendo d'occhio la barra di caricamento al centro dello schermo.

Attenzione, il tuo firewall potrebbe interrompere il processo di installazione per bloccare alcuni componenti di XAMPP. Utilizza la casella di controllo corrispondente per abilitare la comunicazione tra il server Apache e la tua rete privata o rete di lavoro. Ricorda che non è consigliabile rendere disponibile il tuo server XAMPP per le reti pubbliche.

Una volta che tutti i componenti sono stati decompressi e installati, è possibile chiudere la procedura guidata di configurazione facendo clic su "Fine". Adesso puoi aprire il pannello di controllo di XAMPP e tramite l'interfaccia avrai accesso a tutte le configurazioni, la shell, i servizi in esecuzione e accesso al forum per chiedere aiuto.

PHPMyAdmin per la gestione del DB

I singoli moduli possono essere avviati o arrestati dal pannello di controllo XAMPP tramite i pulsanti corrispondenti in "Actions". Puoi vedere quali moduli sono stati avviati perché i loro nomi sono evidenziati in verde sotto il titolo "Module".

Se un modulo non può essere avviato a causa di un errore, ne verrai immediatamente informato con il log scritto in rosso e verrà fornito un rapporto dettagliato degli errori che può aiutarti a identificare la causa del problema.

Un classico esempio di errori connessi ad Apache è il blocco delle porte. Se stai utilizzando la configurazione standard, XAMPP assegnerà il server web alla porta principale 80 e alla porta SSL 443, spesso bloccate da altri programmi. Se la porta Tomcat è bloccata, il server web non può essere avviato ed esistono tre modi per risolvere questo problema:

- Modificare la porta in conflitto: supponiamo, per esempio, che il programma di messaggistica istantanea Skype blocchi la porta SSL 443. Un modo per affrontare questo problema è modificare le impostazioni della porta di Skype. Per fare ciò, apri il programma e naviga tramite "Azioni", "Opzioni" e "Avanzate" fino a raggiungere il menu "Connessioni". Dovresti trovare una casella selezionata per consentire l'accesso a Skype alle porte 80 e 443, deseleziona questa casella di controllo.

- Modificare le impostazioni della porta del modulo XAMPP: fare clic sul pulsante "Config" per il modulo in questione e aprire i file `httpd.conf` e `httpd-ssl.conf`. Sostituire il numero di porta 80 in `httpd.conf` e il numero di porta 443 in `httpd-ssl.conf` con delle porte libere, prima di salvare i dati del file. Ora fai clic sul pulsante "Config" generale che si trova in alto a destra e seleziona "Impostazioni servizi e porte". Personalizza le porte per il server del modulo per riflettere le modifiche nei file di configurazione.

- Termina il programma in conflitto: questo è il modo più semplice per evitare conflitti di porte a breve termine. Termina il programma in conflitto (Skype per esempio) e sappi che se riavvii Skype dopo che i server del modulo XAMPP sono già in esecuzione, Skype selezionerà una porta diversa e il problema verrà risolto.

Per accedere all'indirizzo web del proprio server web ti basta premere il pulsante "Admin". Il pannello di controllo verrà ora avviato nel tuo browser e sarai portato alla dashboard di `localhost` del tuo XAMPP. La dashboard presenta numerosi collegamenti a siti Web per informazioni utili, nonché il progetto open source BitNami, che offre molte applicazioni diverse per il tuo XAMPP, come WordPress o altri sistemi di gestione dei contenuti (CMS). In alternativa, puoi raggiungere la dashboard tramite `localhost/dashboard/`.

Puoi usare il pulsante Admin del tuo modulo database per aprire phpMyAdmin. Qui puoi gestire i database dei tuoi progetti web che stai testando sul tuo XAMPP. In alternativa, puoi raggiungere la sezione di amministrazione del tuo database MySQL tramite `localhost/phpmyadmin/`.

phpMyAdmin è un'interfaccia grafica che permette di amministrare MySQL che è un tipo di database che immagazzina qualsiasi tipo di dati in strutture chiamate tabelle; con PhpMyAdmin, in pratica, possiamo visualizzare il contenuto del nostro database; creare, modificare, cancellare intere tabelle o singoli record; fare un backup dei dati contenuti; visualizzare informazioni interessanti sul db.

Per tentare di entrare nell'argomento (anche se siamo inesperti) possiamo considerare le tabelle come dei "contenitori" di dati (chiamati record), esse possono avere diversi tipi di struttura, si trovano all'interno di archivi molto grossi (i singoli database appunto); ogni database, infine, può contenere diverse tabelle purché queste non abbiano lo stesso nome.

PhpMyAdmin è uno strumento utilissimo, oltre che per gli esperti, anche per chi non conosce i comandi base di interazione tra Php e MySql. PhpMyAdmin è un software scritto in PHP e molto popolare nella community PHP perché aiuta a semplificare il processo di creazione e interazione con il database MySQL, semplificando la generazione e l'esecuzione di query SQL. Il successo di PhpMyAdmin è dovuto in gran parte al fatto che viene fornito in bundle con WAMP, LAMP, MAMP e XAMPP (i pacchetti di sviluppo più popolari nella comunità PHP) e Cpanel (il più popolare software di gestione dei server condivisi). Esistono varie alternative a phpmyadmin per altri motori di database, ad es. phpPgAdmin.

Siamo pronti per partire

Per verificare se il tuo server è installato e configurato correttamente, hai la possibilità di creare una pagina di prova PHP, memorizzarla sull'host locale di XAMPP e recuperarla tramite il browser web.

Apri la directory XAMPP tramite il pulsante "Explorer" nel Pannello di controllo e scegli la cartella htdocs (`C:\xampp\htdocs` per le installazioni standard). Questa directory memorizzerà i dati dei file raccolti per le pagine web che testerai sul tuo server XAMPP. La cartella `htdocs` dovrebbe già contenere dati per aiutare la configurazione del server web ma dovresti memorizzare i tuoi progetti in una nuova cartella (come "test" per esempio).

Puoi creare facilmente una nuova pagina PHP utilizzando il seguente contenuto nel tuo editor di testo preferito e salvandolo come `test.php` nella cartella "test" (`C:\xampp\htdocs\test`):

```html
<html>
 <head>
  <title> Pagina di prova </title>
 </head>
 <body>
  <? php echo '<p> Hello World </p>'; ?>
 </body>
</html>
```

L'ultimo passaggio consiste nell'aprire il browser Web e caricare la pagina PHP tramite `localhost/test/test.php`. Se la finestra del browser mostra le parole "Hello World", significa che hai installato e configurato correttamente il tuo XAMPP e hai scritto il tuo primo messaggio di benvenuto.

Capitolo 3: Concetti base dei DB relazionali

Quando si implementa un nuovo database, è facile cadere nella trappola di mettere rapidamente in funzione qualcosa senza dedicare tempo e impegno adeguati alla progettazione. Questa disattenzione porta spesso a costose riprogettazioni e re-implementazioni in corso d'opera. Progettare un database è simile alla stesura di un progetto per una casa; è sciocco iniziare a costruire senza piani dettagliati. In particolare, un buon design consente di estendere l'edificio originale senza demolire tutto e ricominciare da capo. Infine, noterai che i cattivi progetti sono direttamente correlati alle scarse prestazioni del database.

La progettazione del database probabilmente non è il compito più interessante del mondo ma sicuramente è uno dei più importanti. Prima di descrivere come procedere nel processo di progettazione, diamo un'occhiata partendo da un esempio.

Immagina di voler creare un database per memorizzare i voti degli studenti per un dipartimento di informatica dell'università. Potremmo creare una tabella `studenti_voti` per memorizzare i voti per ogni studente e ogni corso. La tabella avrebbe colonne per il nome e il cognome di ogni studente, il nome del corso seguito e il risultato in percentuale. Avremmo una riga diversa per ogni studente per ciascuno dei loro corsi:

```
+----------+----------+-------------------
--------+------+
| Nome     | Cognome | Nome del corso
| Voto |
+----------+----------+-------------------
--------+------+
```

```
| Paolo     | Bianchi | Programmazione
|    72 |
| Sara      | Verdi   | Matematica 1
|    87 |
| Paolo     | Bianchi | Grafica 3D
|    43 |
| Paolo     | Bianchi | Grafica 3D
|    65 |
| Sara      | Verdi   | Programmazione
|    65 |
| Susanna   | Rossi   | Grafica 3D
|    75 |
| Susanna   | Rossi   | Matematica 1
|    55 |
| Susanna   | Rossi   | Grafica 3D
|    80 |
+---------+---------+-------------------
---------+------+
```

Questo è interessante e compatto e possiamo facilmente accedere ai voti di qualsiasi studente o corso. Tuttavia, potremmo avere più di uno studente chiamato Paolo Bianchi; nei dati campione, ci sono due voci per Paolo Bianchi per il corso di grafica 3D. Quale Paolo Bianchi ha ottenuto un voto pari a 43? Un modo comune per differenziare le voci di dati duplicate consiste nell'assegnare un numero univoco a ciascuna voce. Qui possiamo assegnare un numero ID studente (o matricola) univoco a ogni studente:

```
+--------------+----------+----------+------
----------+------+
| Matricola    | Nome     | Cognome  | Nome
del corso     | Voto |
+--------------+----------+----------+------
----------+------+
| 12345678     | Paolo    | Bianchi  |
Programmazione   |   72 |
| 12345121     | Sara     | Verdi    |
Matematica 1      |   87 |
| 12345678     | Paolo    | Bianchi  |
Grafica 3D        |   43 |
| 12345678     | Paolo    | Bianchi  |
Grafica 3D        |   65 |
| 12345121     | Sara     | Verdi    |
Programmazione   |   65 |
| 12345876     | Susanna  | Rossi    |
Grafica 3D        |   75 |
| 12345876     | Susanna  | Rossi    |
Matematica 1      |   55 |
| 12345303     | Susanna  | Rossi    |
Grafica 3D        |   80 |
+--------------+----------+----------+------
----------+------+
```

Quindi, Paolo Bianchi che ha ottenuto 43 è quello con la matricola pari a 12345678. Ma c'è un problema: nella nostra tabella, potrebbero essere persone distinte ma poiché la matricola è uguale sappiamo che si tratta della stessa persona. Paolo Bianchi ha fallito una volta il corso di grafica 3D con il 43% e lo ha superato con il 65% nel suo secondo tentativo.

In un database relazionale, le righe formano un insieme e non vi è alcun ordine implicito tra di loro; potresti immaginare che il superamento dell'esame sia avvenuto dopo la bocciatura ma non puoi esserne sicuro. Non è garantito che venga visualizzato il voto più recente dopo quello più vecchio, quindi dobbiamo aggiungere informazioni su quando è stato assegnato ciascun voto, ad esempio aggiungendo un anno e un semestre:

```
+--------------+---------+---------+------
----------+------+-----+------+
| Matricola  | Nome  | Cognome | Nome
del corso    | Anno | Sem | Voto |
+--------------+---------+---------+------
----------+------+-----+------+
```

```
| 12345678    | Paolo   | Bianchi |
Programmazione  | 2019 |   2 |    72 |
| 12345121    | Sara    | Verdi   |
Matematica 1    | 2020 |   1 |    87 |
| 12345678    | Paolo   | Bianchi |
Grafica 3D      | 2019 |   2 |    43 |
| 12345678    | Paolo   | Bianchi |
Grafica 3D      | 2020 |   1 |    65 |
| 12345121    | Sara    | Verdi   |
Programmazione  | 2020 |   1 |    65 |
| 12345876    | Susanna | Rossi   |
Grafica 3D      | 2019 |   1 |    75 |
| 12345876    | Susanna | Rossi   |
Matematica 1    | 2019 |   2 |    55 |
| 12345303    | Susanna | Rossi   |
Grafica 3D      | 2020 |   1 |    80 |
+-------------+---------+---------+------
-------------+------+-----+------+
```

Si noti che la tabella è diventata un po' più grande ed alcune informazioni come matricola, nome e cognome vengono ripetuti per ogni voto. Potremmo suddividere le informazioni e creare una tabella `dettagli_studente`:

```
+-------------+------------+----------+
| Matricola   | Nome       | Cognome  |
+-------------+------------+----------+
| 12345121    | Sara       | Verdi    |
| 12345303    | Susanna    | Rossi    |
```

```
| 12345678     | Paolo      | Bianchi |
| 12345876     | Susanna    | Rossi   |
+--------------+------------+---------+
```

e manutenere meno informazioni nella tabella

`studenti_voti`:

```
+--------------+--------------------+------
-+-----+------+
| Matricola    | Nome del corso     | Anno
| Sem | Voto |
+--------------+--------------------+------
-+-----+------+
| 12345678     | Programmazione     | 2019
|   2 |   72 |
| 12345121     | Matematica 1       | 2020
|   1 |   87 |
| 12345678     | Grafica 3D         | 2019
|   2 |   43 |
| 12345678     | Grafica 3D         | 2020
|   1 |   65 |
| 12345121     | Programmazione     | 2020
|   1 |   65 |
| 12345876     | Grafica 3D         | 2019
|   1 |   75 |
| 12345876     | Matematica 1       | 2019
|   2 |   55 |
| 12345303     | Grafica 3D         | 2020
|   1 |   80 |
+--------------+--------------------+------
-+-----+------+
```

Per cercare i voti di uno studente, dobbiamo prima cercare la sua matricola dalla tabella `studente_dettagli` e poi leggere i voti per quell'ID dalla tabella `studenti_voti`.

Ci sono ancora problemi che non abbiamo considerato. Ad esempio, dovremmo conservare le informazioni sulla data di iscrizione di uno studente, gli indirizzi postali, l'e-mail, le tasse o la frequenza? Dovremmo memorizzare diversi tipi di indirizzo postale? Come dovremmo memorizzare gli indirizzi in modo che tutto funzioni quando uno studente cambia il suo indirizzo?

L'implementazione di un database, in questo modo, è problematica; continuiamo a imbatterci in aspetti a cui non avevamo pensato e dobbiamo continuare a cambiare la struttura del nostro database. Chiaramente, possiamo risparmiare molte rielaborazioni documentando attentamente i requisiti e quindi elaborandoli per sviluppare un design coerente.

Ci sono tre fasi principali nella progettazione del database, ciascuna delle quali produce una descrizione progressivamente di livello inferiore:

- Analisi dei requisiti;
- Design concettuale;
- Progettazione logica

Innanzitutto, determiniamo e annotiamo a cosa serve esattamente il database, quali dati verranno archiviati e in che modo gli elementi sono correlati tra loro. In pratica, ciò potrebbe comportare uno studio dettagliato dei requisiti dell'applicazione e parlare con persone in vari ruoli che interagiranno con il database e con l'applicazione.

Una volta che conosciamo i requisiti del database, li trascriviamo in una descrizione formale della progettazione del database. Vedremo come utilizzare la modellazione per produrre un design concettuale e infine, mappiamo la progettazione del database su un sistema di gestione del database e creiamo le tabelle per il database.

Il modello Entità – Relazione

A un livello base, i database memorizzano sia le informazioni su oggetti distinti detti entità, sia le associazioni, o relazioni, tra queste entità. Ad esempio, un database universitario potrebbe memorizzare informazioni su studenti, corsi e iscrizioni. Uno studente e un corso sono entità, mentre l'iscrizione è una relazione tra uno studente e un corso. Allo stesso modo, un database di un inventario e relative vendite potrebbe memorizzare informazioni su prodotti, clienti e vendite. Un prodotto e un cliente sono entità, mentre una vendita è una relazione tra un cliente e un prodotto. È molto comune confondersi tra entità e relazioni all'inizio e non è raro finire per progettare relazioni come entità e viceversa.

Un approccio diffuso alla progettazione concettuale utilizza il modello Entity Relationship (ER), che aiuta a trasformare i requisiti in una descrizione formale delle entità e delle relazioni che appaiono nel database. Per aiutare a visualizzare il progetto, l'approccio Entity Relationship Modeling prevede il disegno di un diagramma Entity Relationship (ER). Nel diagramma ER, un set di entità è rappresentato da un rettangolo contenente il nome dell'entità.

In genere si utilizza il database per memorizzare determinate caratteristiche o attributi delle entità. In un database di vendite, potremmo memorizzare il nome, l'indirizzo e-mail, l'indirizzo postale e il numero di telefono di ogni cliente. In un'applicazione di gestione delle relazioni con i clienti (CRM) più elaborata, potremmo anche memorizzare i nomi del coniuge e dei figli del cliente, le lingue parlate dal cliente, la storia dell'interazione del cliente con la nostra azienda e così via. Gli attributi descrivono l'entità a cui appartengono.

Un attributo può essere formato da parti più piccole; ad esempio, un indirizzo postale è composto da un numero civico, una città, un codice postale e un paese. Classifichiamo gli attributi come composti se sono formati da parti più piccole, in questo modo è molto semplice utilizzarle e lavorarci in caso di modifiche. Alcuni attributi possono avere più valori per una determinata entità. Ad esempio, un cliente potrebbe fornire diversi numeri di telefono, quindi l'attributo del numero di telefono è multi-valore.

Gli attributi aiutano a distinguere un'entità da altre entità dello stesso tipo. Potremmo utilizzare l'attributo nome per distinguere i clienti ma questa potrebbe essere una soluzione inadeguata perché diversi clienti potrebbero avere nomi identici. Per essere in grado di distinguerli, abbiamo bisogno di un attributo (o una combinazione minima di attributi) garantita per essere univoco per ogni singolo cliente, tipicamente si usa un ID o il codice fiscale. L'attributo o gli attributi identificativi formano una chiave.

Possiamo presumere, ad esempio, che due clienti non abbiano lo stesso indirizzo e-mail quindi l'indirizzo e-mail può essere una chiave. Tuttavia, dobbiamo riflettere attentamente sulle implicazioni delle nostre scelte. Ad esempio, se decidiamo di identificare i clienti tramite il loro indirizzo e-mail, sarebbe difficile consentire a un cliente di avere più indirizzi e-mail. Qualsiasi applicazione che creiamo per utilizzare questo database potrebbe trattare ogni indirizzo e-mail come una persona separata e potrebbe essere difficile adattare tutto per consentire alle persone di avere più indirizzi e-mail. Usare l'indirizzo e-mail come chiave significa anche che ogni cliente deve avere un indirizzo e-mail; altrimenti non saremmo in grado di distinguere i clienti che non ne hanno uno.

Pensa agli altri attributi che possono servire come chiave alternativa, sebbene sia possibile che due clienti abbiano lo stesso numero di telefono (e quindi non possiamo usare il numero di telefono come chiave), è probabile che le persone che hanno lo stesso numero di telefono non abbiano mai lo stesso nome, quindi possiamo utilizzare la combinazione del numero di telefono e del nome come chiave composita.

Chiaramente, ci possono essere diverse possibili chiavi che potrebbero essere utilizzate per identificare un'entità; basta scegliere una delle chiavi alternative o candidate, come chiave principale o primaria. Di solito questa scelta si effettua in base a quanto sei sicuro che l'attributo non sarà mai vuoto e che sia unico per ogni singola entità, fondamentale inoltre, quanto piccola è la chiave (le chiavi più brevi sono più veloci da manutenere ed utilizzare).

Nel diagramma ER, gli attributi sono rappresentati con una forma ovale e sono collegati alla loro entità proprietaria. Gli attributi che comprendono la chiave primaria vengono visualizzati in modo sottolineato e gli attributi multi-valore vengono visualizzati come ovali con un doppio bordo.

I valori degli attributi vengono scelti da un dominio di valori legali; ad esempio, potremmo specificare che il nome e gli attributi del cognome di un cliente possono essere ciascuno pari ad una stringa di massimo 100 caratteri mentre un numero di telefono può essere una stringa di massimo 40 caratteri. Allo stesso modo, il prezzo di un prodotto potrebbe essere un numero razionale positivo. Gli attributi possono essere vuoti; ad esempio, alcuni clienti potrebbero non fornire i propri numeri di telefono. La chiave primaria di un'entità (inclusi i componenti di una chiave primaria multi-attributo) non deve mai essere sconosciuta (tecnicamente, deve essere `NOT NULL`); ad esempio, se un cliente può non fornire un indirizzo e-mail, non possiamo utilizzare l'indirizzo e-mail come chiave.

Dovresti riflettere attentamente quando classifichi un attributo come multi-valore: tutti i valori sono equivalenti o in realtà rappresentano cose diverse? Ad esempio, quando si elencano più numeri di telefono per un cliente, sarebbe utile etichettarli separatamente come numero di telefono aziendale del cliente, numero di telefono di casa, numero di cellulare e così via?

Vediamo un altro esempio. I requisiti del database delle vendite possono specificare che un prodotto ha un nome e un prezzo. Possiamo vedere che il prodotto è un'entità perché è un oggetto distinto. Tuttavia, il nome e il prezzo del prodotto non sono oggetti distinti; sono attributi che descrivono l'entità del prodotto.

Nota bene che se vogliamo avere prezzi diversi per mercati diversi, il prezzo non è più correlato solo all'entità del prodotto e avremo bisogno di modellarlo in modo diverso.

Per alcune applicazioni, nessuna combinazione di attributi può identificare in modo univoco un'entità (o sarebbe troppo ingombrante usare una grande chiave composta), quindi creiamo un attributo artificiale che è definito come univoco e può quindi essere utilizzato come chiave: i numeri degli studenti, i numeri di patente di guida e i numeri di tessera della biblioteca sono esempi di attributi univoci per varie applicazioni.

Nella nostra applicazione di inventario e vendita, è possibile che possiamo immagazzinare prodotti diversi con lo stesso nome e prezzo. Ad esempio, potremmo vendere due modelli di "Hub USB 2.0 a quattro porte", entrambi a € 4,95 ciascuno. Per distinguere tra i prodotti, possiamo assegnare un numero ID di prodotto univoco a ciascun articolo in magazzino; questa sarebbe la chiave primaria. Ogni entità prodotto avrebbe attributi nome, prezzo e ID prodotto.

Le entità possono partecipare alle relazioni con altre entità. Ad esempio, un cliente può acquistare un prodotto, uno studente può seguire un corso, un artista può registrare un album e così via.

Come le entità, le relazioni possono avere attributi: possiamo definire una vendita come una relazione tra un'entità cliente (identificata dall'indirizzo e-mail univoco) e un dato numero dell'entità prodotto (identificata dall'ID prodotto univoco) che esiste in un particolare data e ora (il timestamp).

Diversi numeri di entità possono apparire su ciascun lato di una relazione, ad esempio, ogni cliente può acquistare un numero qualsiasi di prodotti e ogni prodotto può essere acquistato da un numero qualsiasi di clienti. Questa è nota come relazione molti-a-molti ma possiamo anche avere relazioni uno-a-molti, ad esempio, una persona può avere più carte di credito ma ogni carta di credito appartiene a una sola persona. Guardandola dall'altra parte, una relazione uno-a-molti diventa una relazione molti-a-uno; ad esempio, molte carte di credito appartengono a una sola persona.

Infine, il numero di serie sul motore di un'auto è un esempio di relazione uno-a-uno; ogni motore ha un solo numero di serie e ogni numero di serie appartiene a un solo motore. Usiamo spesso i termini abbreviati 1:1, 1:N e M:N rispettivamente per le relazioni uno-a-uno, uno-a-molti e molti-a-molti.

Il numero di entità su entrambi i lati di una relazione (la cardinalità della relazione) definisce i vincoli chiave della relazione. È importante pensare attentamente alla cardinalità delle relazioni perché ci sono molte relazioni che a prima vista possono sembrare uno a uno (1:1) ma si rivelano più complesse. Ad esempio, le persone a volte cambiano i loro nomi; in alcune applicazioni, come i database della polizia, ciò è di particolare interesse e quindi potrebbe essere necessario modellare una relazione molti-a-molti tra un'entità persona e un'entità nome.

La riprogettazione di un database può richiedere molto tempo se si presume che una relazione sia più semplice di quanto non sia in realtà. In un diagramma ER, rappresentiamo una relazione con un diamante con il nome e la cardinalità della relazione è spesso indicata accanto al diamante di relazione.

Riga o colonna?

Di tanto in tanto, ci imbattiamo in casi in cui ci chiediamo se un elemento debba essere un attributo o un'entità a sé stante. Ad esempio, un indirizzo e-mail potrebbe essere modellato come un'entità a sé stante quindi, in caso di dubbio, considera queste regole pratiche:

Gli oggetti di interesse diretto dovrebbero essere entità e le informazioni che li descrivono dovrebbero essere memorizzate negli attributi. Il nostro database di inventario e vendite è realmente interessato ai clienti e non ai loro indirizzi e-mail quindi l'indirizzo e-mail sarebbe meglio modellarlo come un attributo dell'entità cliente.

L'articolo è composto? In tal caso, dobbiamo trovare un modo per rappresentare queste componenti; un'entità separata potrebbe essere la soluzione migliore. Nell'esempio dei voti degli studenti, svolto in precedenza, abbiamo memorizzato il nome del corso, l'anno e il semestre per ogni corso che uno studente segue. Sarebbe più compatto trattare il corso come un'entità separata e creare un numero ID di classe per identificare ogni volta che un corso viene offerto agli studenti.

Chiediti se l'oggetto possa avere più istanze? In tal caso, dobbiamo trovare un modo per memorizzare i dati su ogni istanza. Il modo più pulito per farlo è rappresentare l'oggetto come un'entità separata. Nel nostro esempio di vendita, dobbiamo chiederci se i clienti possono avere più di un indirizzo e-mail e, in tal caso, dovremmo modellare l'indirizzo e-mail come un'entità separata.

Entità o relazione?

Un modo semplice per decidere se un oggetto deve essere un'entità o una relazione consiste nel mappare i nomi nei requisiti alle entità e mappare i verbi alle relazioni. Ad esempio, nell'affermazione "Un programma di laurea è composto da uno o più corsi", possiamo identificare le entità "programma" e "corso" e la relazione "è composto da". Allo stesso modo, nella dichiarazione "Uno studente si iscrive a un programma", possiamo identificare le entità "studente" e "programma" e la relazione "si iscrive".

Naturalmente, possiamo scegliere termini diversi per entità e relazioni rispetto a quelli che compaiono nelle relazioni ma è una buona idea non discostarsi troppo dalle convenzioni di denominazione utilizzate nei requisiti in modo che il progetto possa essere verificato rispetto ai requisiti. A parità di condizioni, cerca di mantenere il design semplice ed evita di introdurre entità banali quando possibile; non è necessario disporre di un'entità separata per l'iscrizione dello studente quando possiamo modellarla come una relazione tra lo studente esistente e le entità del programma.

Schemi

È una buona idea utilizzare uno strumento per disegnare i diagrammi ER; in questo modo, puoi modificare facilmente i diagrammi mentre raffini i tuoi progetti e il diagramma finale sarà chiaro e non ambiguo. Ci sono molti programmi che possono essere usati a questo scopo ma un ottimo strumento gratuito e disponibile per Linux, macOS e Windows è MySQL Workbench. Gli utenti Windows possono anche utilizzare Microsoft Visio.

Una caratteristica molto utile di MySQL Workbench è che può esportare il tuo progetto come istruzioni SQL pronte per l'uso su un database MySQL. Ancora meglio, può connettersi a un database MySQL per esportare direttamente un progetto. Si tratta di uno strumento molto potente, infatti, puoi anche decodificare un modello ER da un database esistente, modificarlo e quindi esportare nuovamente il progetto modificato nel database MySQL.

Capitolo 4: Il mio primo database

Questo capitolo mostra come creare i propri database, aggiungere e rimuovere strutture come tabelle e indici e fare scelte sui tipi di colonna nelle tabelle. Si concentra sulla sintassi e sulle caratteristiche di SQL e non sulla semantica del concepire, specificare e perfezionare la progettazione di un database. Al termine di questo capitolo, avrai tutte le basi necessarie per creare, modificare ed eliminare le strutture del database.

Creare il DB

Quando hai finito di progettare un database, il primo passo pratico da compiere con MySQL è crearlo. A tale scopo, utilizzare l'istruzione `CREATE DATABASE`. Supponi di voler creare un database con il nome `banca`, ecco la dichiarazione che digiteresti in MySQL:

```
mysql> CREATE DATABASE banca;

Query OK, 1 row affected (0.10 sec)
```

Partiamo dal presupposto che tu sappia come connetterti e utilizzare la shell di MySQL o tu sappia usare MySQL Workbench. Presumiamo inoltre che tu possa connetterti come utente `root` o come un altro utente che può creare, eliminare e modificare strutture.

Nota che quando crei il database, MySQL dice che una riga è stata modificata.

Questa non è in realtà una riga normale in un database specifico ma una nuova voce aggiunta all'elenco visualizzato con SHOW DATABASES. **Dopo aver creato il database, il passaggio successivo è utilizzarlo, ovvero sceglierlo come database con cui stai lavorando. Puoi farlo con il comando MySQL:**

```
mysql> USE banca;

Database changed
```

Questo comando deve essere immesso su una riga e non deve essere terminato con un punto e virgola, sebbene di solito lo facciamo automaticamente per abitudine. Dopo aver utilizzato il database, puoi iniziare a creare tabelle, indici e altre strutture ma prima di fare ciò, esaminiamo alcune caratteristiche e limitazioni della creazione di database.

Innanzitutto, vediamo cosa succede se crei un database già esistente:

```
mysql> CREATE DATABASE banca;
ERROR 1007 (HY000): Can't create database
banca; database exists
```

È possibile evitare questo errore aggiungendo la frase chiave IF NOT EXISTS all'istruzione:

```
mysql> CREATE DATABASE IF NOT EXISTS
banca;
Query OK, 0 rows affected (0.00 sec)
```

Puoi vedere che MySQL non si è lamentato ma non ha fatto nulla: il messaggio "0 rows affected" indica che nessun dato è stato modificato. Questa aggiunta è utile quando si aggiungono istruzioni SQL a uno script: impedisce che lo script si interrompa in caso di errore.

Parliamo ora di come scegliere i nomi dei database e l'uso delle maiuscole e minuscole. I nomi dei database definiscono i nomi delle directory fisiche (o cartelle) sul disco. In alcuni sistemi operativi, i nomi delle directory fanno distinzione tra maiuscole e minuscole; in altri non ha importanza. Ad esempio, i sistemi Unix-like come Linux e Mac OS X fanno generalmente distinzione tra maiuscole e minuscole mentre per Windows sono uguali.

Il risultato è che i nomi dei database hanno le stesse restrizioni: quando le lettere maiuscoli e minuscole sono importanti per il sistema operativo, è importante rispettarle anche per MySQL. Ad esempio, su una macchina Linux, `BANCA`, `BANca` e `banca` sono nomi di database diversi; su Windows, si riferiscono a un solo database. L'uso di lettere maiuscole errate in Linux o Mac OS X causerà problemi a MySQL quindi assicurati di usare le lettere maiuscole o minuscole in modo appropriato.

Per rendere il tuo SQL indipendente dalla macchina, ti consigliamo di utilizzare costantemente i nomi in minuscolo per i database (e per tabelle, colonne, alias e indici). Esistono altre restrizioni sui nomi dei database, infatti, possono essere lunghi al massimo 64 caratteri. Inoltre, non dovresti usare parole riservate MySQL, come `SELECT`, `FROM` e `USE`, come nomi per le strutture; questi possono confondere il parser MySQL, rendendo impossibile interpretare il significato delle tue istruzioni. C'è un modo per aggirare questo problema: puoi racchiudere la parola riservata con il simbolo di backtick (`) su entrambi i lati.

Inoltre, non è possibile utilizzare alcuni caratteri nei nomi: in particolare, non è possibile utilizzare la barra in avanti (slash), la barra all'indietro (backslash), il punto e virgola e i caratteri punto e il nome di un database non può terminare con uno spazio vuoto.

L'uso di questi caratteri confonde il parser MySQL e può provocare un comportamento imprevedibile, ad esempio, ecco cosa succede quando inserisci un punto e virgola nel nome di un database:

```
mysql> CREATE DATABASE IF NOT EXISTS ba;nca;
Query OK, 1 row affected (0.00 sec)


ERROR 1064 (42000): You have an error in your SQL syntax; check the manual

that corresponds to your MySQL server version for the right syntax to use

near nca at line 1
```

Poiché più di un'istruzione SQL può essere su una singola riga, il risultato è che viene creato un database `ba`, quindi viene generato un errore dalla brevissima istruzione SQL inaspettata `nca;`.

Creazione delle tabelle

Ora siamo pronti per iniziare a creare le tabelle che conterranno i nostri dati. Creiamo una tabella per contenere i dettagli del cliente. Per ora, avremo una struttura semplificata e parleremo di maggiore complessità in seguito. Ecco la dichiarazione che utilizziamo:

```
mysql> CREATE TABLE cliente (

    -> cliente_id SMALLINT UNSIGNED NOT NULL DEFAULT 0,

    -> nome VARCHAR(45) DEFAULT NULL,

    -> cognome VARCHAR(45),

    -> aggiornamento TIMESTAMP,

    -> PRIMARY KEY (cliente_id)

    -> );

Query OK, 0 rows affected (0.01 sec)
```

Niente panico: anche se MySQL segnala che sono state interessate zero righe, ha sicuramente creato la tabella:

```
mysql> SHOW TABLES;

--------------------

| Tables_in_banca |

--------------------

| cliente         |

--------------------

1 row in set (0.01 sec)
```

L'istruzione CREATE TABLE ha tre sezioni principali:

- L'istruzione CREATE TABLE, seguita dal nome della tabella da creare, in questo esempio è cliente;
- Un elenco di una o più colonne da aggiungere alla tabella. In questo esempio, ne abbiamo aggiunti alcune;

- Chiavi opzionali, in questo esempio, abbiamo definito un'unica chiave: `PRIMARY KEY (cliente_id)`

Si noti che il componente `CREATE TABLE` è seguito da una parentesi aperta che corrisponde a una parentesi chiusa alla fine dell'istruzione. Si noti, inoltre, che gli altri componenti sono separati da virgole.

Discutiamo le specifiche delle colonne. La sintassi di base è la seguente:

```
nome tipo [NOT NULL | NULL] [DEFAULT valore]
```

Il campo `nome` è il nome della colonna e ha le stesse limitazioni dei nomi dei database, come discusso nella sezione precedente. Può essere lungo al massimo 64 caratteri, le barre non sono consentite così come i punti, non può terminare con spazi bianchi e la distinzione tra maiuscole e minuscole dipende dal sistema operativo sottostante.

Il `tipo` definisce come e cosa viene memorizzato nella colonna; ad esempio, abbiamo visto che può essere impostato su VARCHAR per le stringhe, SMALLINT per i numeri o TIMESTAMP per una data e un'ora.

Se specifichi NOT NULL, una riga non è valida senza un valore per la colonna; se si specifica NULL o si omette la clausola, può esistere una riga senza un valore per la colonna. Se specifichi un valore con la clausola DEFAULT, verrà utilizzato per popolare la colonna quando non fornisci altrimenti i dati; ciò è particolarmente utile quando si riutilizza frequentemente un valore predefinito come il nome di un paese. Il valore deve essere una costante (come 0, `"gatto"` o 20200812045623), tranne se la colonna è del tipo TIMESTAMP.

Le funzioni NOT NULL e DEFAULT possono essere utilizzate insieme. Se specifichi NOT

NULL e aggiungi un valore DEFAULT, il valore
predefinito viene utilizzato quando non
fornisci un valore per la colonna:

```
mysql> INSERT INTO cliente(nome) values
("Antonio");

Query OK, 1 row affected (0.01 sec)
```

Alcune volte può presentare qualche
problema:

```
mysql> INSERT INTO cliente(nome) values
("Elisabetta");

ERROR 1062 (23000): Duplicate entry 0 for
key cliente.PRIMARY
```

Che funzioni o meno dipende dai vincoli e
dalle condizioni sottostanti del database: in
questo esempio, cliente_id ha un valore
predefinito di 0 ma è anche la chiave primaria.

Non è consentito avere due righe con lo
stesso valore di chiave primaria, quindi il
secondo tentativo di inserire una riga senza

valori (e un valore di chiave primaria risultante pari a 0) non va a buon fine.

I nomi di colonna hanno meno restrizioni rispetto ai nomi di database e tabelle e, inoltre, non dipendono dal sistema operativo: i nomi non fanno distinzione tra maiuscole e minuscole e possono essere trasferiti su tutte le piattaforme. Tutti i caratteri sono consentiti nei nomi delle colonne, se vuoi terminarli con spazi bianchi o includere punti (o altri caratteri speciali come il punto e virgola), dovrai racchiudere il nome con un simbolo di backtick (`) su entrambi i lati. Si consiglia di scegliere costantemente nomi minuscoli ed evitare caratteri che richiedono di ricordare di utilizzare i backtick.

Assegnare un nome alle colonne, così come ad altri oggetti del database, è una preferenza personale ma è preferibile seguire gli standard quando si lavora su una base di codice esistente. Il nome della colonna `cliente_nome`, ad esempio, apparirebbe ridondante quando il nome della tabella lo precede (ad es. in una query di join complessa). Di solito, viene fatta un'eccezione a questo: l'onnipresente nome della colonna `id` non dovrebbe essere usato o avere il nome della tabella anteposto per chiarezza.

Un'altra buona pratica consiste nell'usare il carattere di sottolineatura (_) per separare le parole; è possibile utilizzare trattini o omettere del tutto la formattazione di separazione delle parole. Tuttavia, la notazione "CamelCase" risulta più difficile da leggere e come per i nomi di database e tabelle, il nome della colonna più lungo sarà di 64 caratteri.

È possibile utilizzare la frase chiave `IF NOT EXISTS` durante la creazione di una tabella che funziona in modo simile ai database. Ecco un esempio che non segnala un errore anche quando esiste la tabella degli clienti:

```
mysql> CREATE TABLE IF NOT EXISTS cliente
(

    -> cliente_id SMALLINT UNSIGNED NOT
NULL DEFAULT 0,

    -> nome VARCHAR(45) DEFAULT NULL,

    -> cognome VARCHAR(45),

    -> last_update TIMESTAMP,

    -> PRIMARY KEY (cliente_id)

    -> );


Query OK, 0 rows affected (0.00 sec)
```

Tipi di dati

Questa sezione descrive i tipi di colonna che puoi usare in MySQL. Spiega quando ciascuno di essi dovrebbe essere utilizzato e le eventuali limitazioni che ha. I tipi sono raggruppati in base al loro scopo e tratteremo i tipi di dati ampiamente utilizzati, menzionando di passaggio i tipi più avanzati o meno utilizzati. Molto probabilmente, non ricorderai ciascuno dei tipi di dati e le sue particolari complessità ma ti assicuro che vale la pena rileggere questo capitolo quando ne avrai bisogno o in caso di dubbi e consultare la documentazione di MySQL sull'argomento per mantenere aggiornate le proprie conoscenze.

```
INT [UNSIGNED]
```

Il tipo numerico più comunemente usato. Memorizza valori interi (numeri interi) nell'intervallo compreso tra –2.147.483.648 e 2.147.483.647. Se viene aggiunta la parola chiave UNSIGNED, che è facoltativa, l'intervallo è compreso tra 0 e 4.294.967.295. La parola chiave INT è l'abbreviazione di INTEGER e possono essere utilizzate in modo equivalente. Una colonna INT richiede quattro byte di spazio di archiviazione.

BIGINT [UNSIGNED]

Nel mondo in cui crescono le dimensioni dei dati, avere tabelle con un numero di righe dell'ordine di miliardi sta diventando sempre più diffuso. Anche semplici colonne di tipo id potrebbero richiedere un intervallo più ampio di quello fornito da un INT normale e BIGINT risolve questo problema. È un tipo di numero intero con un intervallo con segno compreso tra -9223372036854775808 e 9223372036854775807. BIGINT senza segno può memorizzare numeri da 0 a 18446744073709551615 e la colonna di questo tipo richiederà otto byte di memoria. Internamente, tutti i calcoli all'interno di MySQL vengono eseguiti utilizzando valori BIGINT O DOUBLE con segno.

L'importante conseguenza è che dovresti stare estremamente attento quando hai a che fare con numeri estremamente grandi. Innanzitutto, i numeri interi grandi senza segno superiori a 9223372036854775807 devono essere utilizzati solo con funzioni bit. In secondo luogo, se il risultato di un'operazione aritmetica è maggiore di 9223372036854775807, potrebbero verificarsi risultati imprevisti:

```
mysql> CREATE TABLE test_bigint (id
BIGINT UNSIGNED);

mysql> INSERT INTO test_bigint VALUES
(18446744073709551615);

Query OK, 1 row affected (0.01 sec)

mysql> INSERT INTO test_bigint VALUES
(18446744073709551615-1);

Query OK, 1 row affected (0.01 sec)

mysql> INSERT INTO test_bigint VALUES
(18446744073709551615*100);

ERROR 1690 (22003): BIGINT value is out
of range in (18446744073709551615 * 100)
```

Anche se 18446744073709551600 è inferiore a 18446744073709551615, poiché BIGINT con segno viene utilizzato internamente per la moltiplicazione, si verifica un errore di "out of range". Il tipo di dati SERIAL può essere utilizzato come alias per BIGINT UNSIGNED NOT

`NULL AUTO_INCREMENT UNIQUE`. Si tratta di casi limite ma potresti averne bisogno.

TINYINT [UNSIGNED]

Rappresenta il tipo di dati numerico più piccolo con l'intervallo compreso tra -128 e 127 con segno e da 0 a 255 senza segno. Richiede solo un byte di memoria.

BOOL

Di solito, i tipi booleani accettano solo due valori: vero o falso. Tuttavia, poiché `BOOL` in MySQL è un tipo intero, puoi memorizzare valori da -128 a 127. Il valore 0 verrà considerato falso e tutti i valori diversi da zero veri, è anche possibile utilizzare speciali alias vero e falso per 1 e 0 rispettivamente.

```
mysql> CREATE TABLE test_bool (i BOOL);
```

```
Query OK, 0 rows affected (0.04 sec)

mysql> INSERT INTO test_bool VALUES
(true),(false);

Query OK, 2 rows affected (0.00 sec)

Records: 2  Duplicates: 0  Warnings: 0

mysql> INSERT INTO test_bool VALUES
(1),(0),(-128),(127);

Query OK, 4 rows affected (0.02 sec)

Records: 4  Duplicates: 0  Warnings: 0

mysql> SELECT i, IF(i,true,false) FROM
test_bool;
+----------------------------+
| i    | IF(i,true,false) |
+----------------------------+
|    1 | true             |
|    0 | false            |
|    1 | true             |
|    0 | false            |
| -128 | true             |
|  127 | true             |
+----------------------------+
6 rows in set (0.01 sec)
```

I tipi di dati DECIMAL e NUMERIC in MySQL sono considerati allo stesso modo quindi qui descriveremo solo DECIMAL e tutto si applicherà anche a NUMERIC. La principale differenza tra i tipi a virgola fissa e i tipi a virgola mobile è la precisione. Per i tipi a virgola fissa, il valore recuperato è identico al valore memorizzato; questo non è sempre vero per tipi come FLOAT e DOUBLE descritti in seguito. Questa è la proprietà più importante del tipo di dati DECIMAL.

```
DECIMAL[(grandezza[,decimali])]
[UNSIGNED] [ZEROFILL]
```

Memorizza un numero a virgola fissa utile per memorizzare uno stipendio o una distanza. Il valore massimo di grandezza è 255, ad esempio, una colonna dichiarata come DECIMAL (6,2) deve essere utilizzata per memorizzare valori nell'intervallo compreso tra −9999,99 e 9999,99 mentre `DECIMAL (10,4)` consentirebbe valori come 123456.1234.

La `grandezza` è facoltativa e viene omessa quando il valore specificato è pari a 10. Il numero di `decimali` è opzionale e, se omesso, si assume un valore 0; il valore massimo di `decimali` dovrebbe essere inferiore di due al valore della `grandezza`. Il valore massimo di `grandezza` è 65 mentre per `decimali` è 30.

Se memorizzi solo valori positivi, puoi utilizzare la parola chiave `UNSIGNED` come descritto per `INT`. I valori nella colonna `DECIMAL` vengono memorizzati utilizzando un formato binario e questo formato utilizza quattro byte per ogni nove cifre.

Esistono altri due tipi che supportano i punti decimali: `DOUBLE` (noto anche come `REAL`) e

`FLOAT`. Sono progettati per memorizzare valori numerici approssimativi anziché i valori esatti memorizzati da `DECIMAL`.

Perché usare valori approssimativi? La risposta è che molti numeri con un punto decimale sono approssimazioni di quantità reali. Ad esempio, supponiamo di guadagnare € 50.000 all'anno e di volerli memorizzare come salario mensile.

Quando lo converti in un importo mensile, è pari a € 4166,6666666667. Se lo memorizzi come 4166,67, non è abbastanza esatto per convertirlo in un salario annuale (poiché 12 moltiplicato per 4166,67 è pari a 50.000,04).

È qui che `DOUBLE` e `FLOAT` sono utili: ti consentono di memorizzare valori come 2/3 o pi greco con un numero elevato di cifre decimali, consentendo rappresentazioni approssimative accurate di quantità esatte.

Successivamente è possibile utilizzare la funzione ROUND() per ripristinare i risultati con una determinata precisione.

```
mysql> CREATE TABLE stipendio (monthly
DOUBLE);

Query OK, 0 rows affected (0.09 sec)

mysql> INSERT INTO stipendio VALUES
(50000/12);

Query OK, 1 row affected (0.00 sec)
```

Vediamo cosa è memorizzato:

```
mysql> SELECT * FROM stipendio;
------------------
| mensile         |
------------------
| 4166.666666666 |
------------------
1 row in set (0.00 sec)

mysql> SELECT mensile*12 FROM stipendio;
---------------------
| mensile*12          |
---------------------
| 49999.999999992004 |
---------------------
1 row in set (0.00 sec)
```

Per recuperare il valore originale, è comunque necessario eseguire un arrotondamento con la precisione desiderata. Ad esempio, la tua attività potrebbe richiedere una precisione fino a cinque cifre decimali. In questo caso, potresti ripristinare l'originale:

```
mysql> SELECT ROUND(mensile*12,5) FROM
stipendio;
----------------------
| ROUND(mensile*12,5) |
----------------------
|          50000.00000 |
----------------------
1 row in set (0.00 sec)
```

```
FLOAT[(grandezza, decimali)] [UNSIGNED]

FLOAT[(precisione)] [UNSIGNED]
```

Vediamo le differenze tra `FLOAT` e `DOUBLE`. `FLOAT` memorizza i numeri in virgola mobile e ha due sintassi opzionali: la prima consente un numero opzionale di `decimali` e una `grandezza` opzionali, la seconda consente una `precisione` opzionale che controlla l'accuratezza dell'approssimazione misurata in bit. Senza parametri, il tipo memorizza piccoli valori a virgola mobile con precisione singola a quattro byte; di solito, viene usato senza fornire alcun parametro. Quando la precisione è compresa tra 0 e 24, si verifica il comportamento predefinito, se maggiore, il tipo si comporta come per DOUBLE. La grandezza non ha effetto su ciò che è memorizzato ma solo su ciò che viene visualizzato.

DOUBLE memorizza i numeri in virgola mobile e permette un numero opzionale di decimali e una grandezza di visualizzazione opzionale. Senza parametri, il tipo memorizza valori in virgola mobile normali a otto byte ma con precisione doppia; di solito, viene usato senza fornire alcun parametro. La grandezza non ha effetto su ciò che è memorizzato ma solo su ciò che viene visualizzato.

```
VARCHAR(grandezza)
```

Per quanto riguarda le stringhe, probabilmente, il tipo di stringa più comunemente usato è VARCHAR che memorizza stringhe di lunghezza variabile fino a una `grandezza` massima ovvero 65535 caratteri. La maggior parte delle informazioni applicabili a questo tipo si applicherà anche ad altri tipi di stringhe.

I tipi `CHAR` e `VARCHAR` sono molto simili ma presentano alcune importanti distinzioni. `VARCHAR` incorre in uno o due byte aggiuntivi di overhead per memorizzare il valore della stringa, a seconda che il valore sia minore o maggiore di 255 byte. Nota che questo non coincide con la `grandezza` della stringa in caratteri, poiché alcuni caratteri potrebbero richiedere fino a 4 byte di spazio.

Potrebbe sembrare ovvio quindi che VARCHAR sia meno efficiente, tuttavia, ciò non è sempre vero perché memorizza stringhe di lunghezza arbitraria ma le stringhe più brevi richiederanno meno memoria di un CHAR con simile grandezza.

Un'altra differenza è la loro gestione degli spazi finali, infatti, VARCHAR mantiene gli spazi finali fino alla lunghezza della colonna specificata e troncherà l'eccesso, producendo un alert. Nei valori CHAR gli spazi finali non vengono conservati mentre per VARCHAR, sono significativi, a meno che non vengano tagliati e conteranno come valori univoci. TEXT e CHAR mostrano lo stesso comportamento.

```
BINARY[(grandezza)]

VARBINARY(grandezza)
```

Questi tipi sono molto simili a CHAR e VARCHAR ma memorizzano stringhe binarie. Le stringhe binarie hanno un insieme di caratteri binari e regole di confronto speciali. L'ordinamento dipende dai valori numerici dei byte nei valori memorizzati.

Invece di stringhe di caratteri, vengono memorizzate stringhe di byte. BINARY tratta gli spazi come un carattere significativo e non come carattere di riempimento. Se è necessario memorizzare dati che potrebbero terminare con zero byte significativi per l'utente, è necessario utilizzare i tipi VARBINARY o BLOB. È importante tenere presente il concetto di stringa binaria quando si lavora con entrambi questi tipi di dati. Anche se accettano stringhe, non sono sinonimo di tipi di dati che utilizzano stringhe di testo, infatti, non è possibile modificare il case (maiuscolo o minuscolo) delle lettere memorizzate, poiché quel concetto non si applica realmente ai dati binari.

Come con i tipi numerici, consigliamo di scegliere sempre il tipo più piccolo possibile per memorizzare i valori. Ad esempio, se stai memorizzando il nome di una città, utilizza CHAR o VARCHAR, anziché, il tipo TEXT. Avere colonne più piccole aiuta a mantenere basse le dimensioni della tabella, il che a sua volta migliora le prestazioni quando il server deve cercare in una tabella.

L'uso di una dimensione fissa con il tipo CHAR è spesso più veloce rispetto all'utilizzo di una dimensione variabile con VARCHAR, poiché il server MySQL sa esattamente dove inizia e finisce ogni riga e può saltare rapidamente le righe per trovare quella di cui ha bisogno. Tuttavia, con i campi a lunghezza fissa, lo spazio che non utilizzi viene sprecato.

In generale, se lo spazio di archiviazione è limitato o si prevedono grandi variazioni nella lunghezza delle stringhe da memorizzare, utilizza un campo di lunghezza variabile; se le prestazioni sono una priorità, utilizza una lunghezza fissa.

DATE

Memorizza e visualizza una data nel formato "AAAA-MM-GG" per l'intervallo da 1000-01-01 a 9999-12-31. Le date devono sempre essere inserite come anno, mese e giorno ma il formato dell'input può variare, come mostrato negli esempi seguenti:

AAAA-MM-GG o AA-MM-GG: è facoltativo se fornisci anni a due o quattro cifre. Si consiglia vivamente di utilizzare la versione a quattro cifre per evitare confusione sul secolo. In pratica, se utilizzi la versione a due cifre, troverai che da 70 a 99 vengono interpretati come da 1970 a 1999 e da 00 a 69 come da 2000 a 2069.

AAAA/MM/GG, AAAA:MM:GG, AA/MM/GG

`AAAA-M-G`, `AAAA-MM-G`, `AAAA-M-GG`: quando viene utilizzata la punteggiatura è possibile specificare giorni e mesi a una cifra come tali. Ad esempio, 2 febbraio 2006, può essere specificato come 2006-2-2. È possibile usare l'equivalente dell'anno a due cifre ma non è consigliato.

`AAAAMMGG` o `AAMMGG`: la punteggiatura può essere omessa in entrambi gli stili ma le sequenze di cifre devono essere lunghe sei o otto cifre.

Puoi anche inserire una data fornendo sia una data che un'ora nei formati descritti di seguito per `TIMESTAMP` ma solo il componente della data viene memorizzato in una colonna di tipo

DATE. Indipendentemente dal tipo di input, il tipo di memorizzazione e visualizzazione è sempre AAAA-MM-GG. La data zero 0000-00-00 è consentita in tutte le versioni e può essere utilizzata per rappresentare un valore sconosciuto o fittizio.

```
mysql> CREATE TABLE testdate (miadata
DATE);

Query OK, 0 rows affected (0.00 sec)

mysql> INSERT INTO testdate VALUES
(2020/02/0);

ERROR 1292 (22007): Incorrect date value:
2020/02/0 for column miadata at row 1

mysql> INSERT INTO testdate VALUES
(2020/02/1);

Query OK, 1 row affected (0.00 sec)

mysql> INSERT INTO testdate VALUES
(2020/02/31);
```

```
ERROR 1292 (22007): Incorrect date value:
2020/02/31 for column miadata at row 1

mysql>   INSERT   INTO   testdate   VALUES
(2020/02/100);

ERROR 1292 (22007): Incorrect date value:
2020/02/100 for column miadata at row 1

mysql> SELECT * FROM testdate;

------------

| miadata    |

------------

| 2020-02-01 |

------------

1 row in set (0.00 sec)
```

TIME [frazione]

Memorizza un'ora nel formato `"HHH:MM:SS"`
per l'intervallo compreso tra -838:59:59 e

838:59:59. I valori che possono essere memorizzati sono al di fuori dell'intervallo dell'orologio a 24 ore per consentire il calcolo e la memorizzazione di grandi differenze tra i valori temporali (fino a 34 giorni, 22 ore, 59 minuti e 59 secondi). `frazione` in TIME e altri tipi di dati correlati specifica la precisione dei secondi frazionari nell'intervallo da 0 a 6, il suo valore predefinito è 0, il che significa che non vengono conservati i secondi frazionari.

I valori devono essere sempre inseriti nell'ordine giorni, ore, minuti e secondi, utilizzando i seguenti formati:

```
GG HH:MM:SS[.frazione]
```

```
HH:MM:SS[.frazione]
```

```
GG HH:MM
```

```
HH:MM
```

```
GG HH
```

SS[.frazione]

H:M:S

AAAA-MM-GG HH:MM:SS

AA-MM-GG HH:MM:SS

AAAAMMGGHHMMSS

AAMMGGHHMMSS

TIMESTAMP

GG rappresenta un valore di una o due cifre di giorni compreso tra 0 e 34. Il valore "GG" è separato dal valore dell'ora "HH", da uno spazio, mentre gli altri componenti sono separati dai due punti. Nota bene che "MM:SS" non è una combinazione valida, poiché non può essere disambiguata da "HH:MM". Se la definizione TIME non specifica la frazione o la imposta a 0, l'inserimento di frazioni di secondi comporterà l'arrotondamento dei valori al secondo più vicino.

Ad esempio, se inserisci "2 13:25:58.999999" in una colonna di tipo TIME con frazione di 0, viene memorizzato il valore 61:25:59, poiché la somma di 2 giorni (48 ore) + 13 ore è 61 ore.

```
mysql>    CREATE    TABLE    test_time(id
SMALLINT, miorario TIME);

Query OK, 0 rows affected (0.00 sec)

mysql> INSERT INTO test_time VALUES(1, "2
13:25:59");

Query OK, 1 row affected (0.00 sec)

mysql>  INSERT  INTO  test_time  VALUES(2,
"35 13:25:59");

ERROR 1292 (22007): Incorrect time value:
35 13:25:59 for column miorario at row 1

mysql>  INSERT  INTO  test_time  VALUES(3,
"900.32");

Query OK, 1 row affected (0.00 sec)

mysql> SELECT * FROM test_time;
```

```
+----------------+
| id   | miorario |
+----------------+
|    1 | 61:25:59 |
|    3 | 00:09:00 |
+----------------+
2 rows in set (0.00 sec)
```

Il tipo `TIMESTAMP[(frazione)]` memorizza e visualizza una coppia di data e ora nel formato `"AAAA-MM-GG  HH:MM:SS".frazione` di fuso orario" per l'intervallo 1970-01-01 00: 00: 01.000000 a 2038-01-19 03:14 : 07.999999. Questo tipo è molto simile al tipo `DATETIME` ma ci sono poche differenze, infatti, entrambi i tipi accettano un indicatore del fuso orario per il valore di input nella versione più recente di MySQL.

Entrambi i tipi memorizzeranno e presenteranno i dati allo stesso modo al client nello stesso fuso orario, tuttavia, i valori nelle colonne `TIMESTAMP` sono sempre archiviati internamente nel fuso orario UTC, consentendo di ottenere automaticamente un fuso orario locale per i client in fusi orari diversi. Questa è una distinzione molto importante tanto che probabilmente, `TIMESTAMP` è più comodo da usare quando sai di avere a che fare con più fusi orari.

Charsets

Poiché non tutti vogliono memorizzare caratteri inglesi, è importante che DBMS sia in grado di gestire caratteri non inglesi e modi diversi di ordinare i caratteri. Quando si confrontano o si ordinano le stringhe, il modo in cui MySQL valuta il risultato dipende dal set di caratteri e dalle regole di confronto utilizzate. I set di caratteri definiscono quali caratteri possono essere memorizzati; ad esempio, potrebbe essere necessario memorizzare caratteri non inglesi come î oppure ü.

Le regole di confronto definiscono il modo in cui vengono ordinate le stringhe e sono disponibili regole di confronto diverse per lingue diverse: ad esempio, la posizione del carattere ü nell'alfabeto è diversa in due ordini tedeschi così come lo è in svedese e finlandese.

Nei nostri precedenti esempi di confronto tra stringhe, abbiamo ignorato il problema delle regole di confronto e del set di caratteri e abbiamo lasciato che MySQL usasse i suoi valori predefiniti; nelle versioni di MySQL precedenti alla 8.0, il set di caratteri predefinito è `latin1` e il confronto predefinito è `latin1_swedish_ci`. MySQL 8.0 ha modificato le impostazioni predefinite e ora il set di caratteri predefinito è `utf8mb4` e le regole di confronto predefinite sono `utf8mb4_0900_ai_ci`.

MySQL può essere configurato per utilizzare diversi set di caratteri e ordini di confronto a livello di connessione, database, tabella e colonna.

È possibile elencare i set di caratteri disponibili sul server con il comando SHOW CHARACTER SET, esso mostra una breve descrizione per ogni set di caratteri, le regole di confronto predefinite e il numero massimo di byte utilizzati per ogni carattere in quel set di caratteri.

Ad esempio, il set di caratteri `latin1` è effettivamente la tabella codici di Windows 1252 che supporta le lingue dell'Europa occidentale. Le regole di confronto predefinite per questo set di caratteri sono `latin1_swedish_ci`, che segue le convenzioni svedesi per ordinare i caratteri accentati. Questo confronto non fa distinzione tra maiuscole e minuscole, come indicato dalle lettere `ci` e, infine, ogni carattere occupa un byte. In confronto, se si utilizza il set di caratteri predefinito `utf8mb4`, ogni carattere richiede fino a quattro byte di memoria. A volte ha senso cambiare tale impostazione predefinita, ad esempio, non c'è motivo di memorizzare i dati con codifica base64 in `utf8mb4`. Con una colonna di 128 caratteri di larghezza, in milioni di righe stai maneggiando circa 350 MiB di overhead sul solo set di caratteri nel caso peggiore.

Di solito, non è necessario modificare alcuna impostazione se hai installato MySQL correttamente per la tua lingua e regione e se non hai intenzione di internazionalizzare la tua applicazione. Poiché `utf8mb4` è l'impostazione predefinita da MySQL 8.0, è ancora meno necessario modificare il set di caratteri. Qualora ne avessi la necessità, ora sai come fare.

Capitolo 5: Il linguaggio SQL di base
SELECT

Fino a questo punto, hai imparato come installare e configurare MySQL e come utilizzare la riga di comando di MySQL. Ora che hai compreso il modello ER, sei pronto per iniziare a esplorare i suoi dati e ad apprendere il linguaggio SQL utilizzato da tutti i client MySQL. In questa sezione, introduciamo la parola chiave SQL più comunemente utilizzata: la parola chiave `SELECT`.

Spieghiamo anche alcuni elementi di base di stile e sintassi e le caratteristiche della clausola `WHERE`, degli operatori booleani e dell'ordinamento (molto di questo si applica anche alle nostre discussioni successive su INSERT, UPDATE e DELETE).

La forma più semplice di SELECT legge i dati in tutte le righe e colonne da una tabella. Connettiti a MySQL utilizzando la riga di comando e scegli il database:

```
mysql> use banca;
Database changed
mysql(banca)> SELECT * FROM cliente;
--------------------------------------------
----
| cliente_id | nome      | cognome  |
aggiornamento         |
--------------------------------------------
------------
|          1 | Antonio   | Rossi    |
2020-02-15 05:02:19 |
|          2 | Mario     | Bianchi  |
2020-02-15 05:02:19 |
|          3 | Ludovica  | Verdi    |
2020-02-15 05:02:19 |
--------------------------------------------
----
3 rows in set (0.00 sec)
```

L'output ha tre righe e ogni riga contiene i valori per tutte le colonne presenti nella tabella. Ora sappiamo che ci sono tre clienti e possiamo vederli con gli identificatori, nome, cognome e la data di aggiornamento.

Una semplice istruzione `SELECT` ha quattro componenti: la parola chiave `SELECT`, le colonne da visualizzare, (nel nostro esempio abbiamo richiesto tutte le colonne utilizzando il simbolo `*`), la parola chiave `FROM` ed il nome della tabella. Mettendo tutto insieme, abbiamo chiesto tutte le colonne della tabella della `cliente` ed è quello che ci ha restituito MySQL.

Finora hai utilizzato il carattere `*` per recuperare tutte le colonne in una tabella. Se non desideri visualizzare tutte le colonne, è facile essere più specifici elencando le colonne desiderate, nell'ordine in cui le desideri, separate da virgole. Ad esempio, se desideri solo la colonna `nome` dalla tabella dei clienti, devi digitare:

```
mysql(banca)> SELECT nome FROM cliente;
------------
| nome      |
------------
| Antonio  |
| Mario    |
| Ludovica |
------------
3 rows in set (0.00 sec)
```

Puoi aggiungere altre colonne separate da virgola in modo tale da recuperare più dati.

UPDATE

L'istruzione UPDATE viene utilizzata per modificare i dati. In questa sezione, ti mostriamo come aggiornare più righe in una singola tabella.

L'utilizzo più semplice dell'istruzione UPDATE consiste nel modificare tutte le righe in una tabella. Di solito non c'è bisogno di cambiare tutte le righe in una tabella nel database - qualsiasi esempio è un po' artificioso - ma facciamolo comunque. Per cambiare i nomi dei clienti in maiuscolo, puoi usare:

```
mysql> UPDATE cliente SET nome = UPPER(nome);

Query OK, 3 rows affected (0.04 sec)

Rows matched: 3  Changed: 3  Warnings: 0
```

La funzione `UPPER()` è una funzione MySQL che restituisce la versione maiuscola del testo passato come parametro. Puoi vedere che tutti e tre i clienti vengono modificati, poiché tre righe vengono segnalate come modificate. La funzione `LOWER()` esegue il contrario, convertendo tutto il testo in minuscolo.

La seconda riga riportata da un'istruzione `UPDATE` mostra l'effetto complessivo dell'istruzione. La prima colonna riporta il numero di righe che sono state recuperate come risposte dall'istruzione; in questo caso, poiché non sono presenti clausole `WHERE` o `LIMIT`, tutte e tre le righe della tabella corrispondono alla query. La seconda colonna riporta quante righe devono essere modificate e questo numero è sempre uguale o inferiore al numero di righe che corrispondono alla query; in questo esempio, poiché nessuna delle stringhe è interamente in maiuscolo, vengono modificate tutte e tre le righe. Se ripeti l'istruzione, vedrai un risultato diverso:

```
mysql> UPDATE cliente SET nome = UPPER(nome);

Query OK, 0 rows affected (0.04 sec)

Rows matched: 3  Changed: 0  Warnings: 0
```

Questa volta, poiché tutti i clienti sono già in maiuscolo, tre righe corrispondono ancora all'istruzione ma nessuna viene modificata. Si noti inoltre che il numero di righe modificate è sempre uguale al numero di righe interessate dal comando, come riportato nella prima riga dell'output.

DELETE

L'utilizzo più semplice di DELETE consiste nel rimuovere tutte le righe in una tabella. Supponi di voler svuotare una tabella, forse perché occupa troppo spazio o perché vuoi condividere il tuo database con qualcun altro e non vuoi mostrare i tuoi dati di produzione. Questo è possibile con:

```
mysql> DELETE FROM cliente;

Query OK, 3 rows affected (0.07 sec)
```

La sintassi DELETE non include i nomi delle colonne poiché viene utilizzata per rimuovere intere righe e non solo i valori da una riga. Per reimpostare o modificare un valore in una riga, utilizza l'istruzione UPDATE, descritta in precedenza. L'istruzione DELETE, tuttavia, non rimuove la tabella stessa, ad esempio, dopo aver eliminato tutte le righe nella tabella, puoi comunque interrogare la tabella:

```
mysql> SELECT * FROM cliente;

Empty set (0.00 sec)
```

Ovviamente, puoi anche continuare ad inserire nuove righe usando il comando `INSERT`. Per rimuovere una tabella, utilizzare l'istruzione `DROP`:

```
mysql> DROP TABLE cliente;

Query OK, 0 rows affected (0.03 sec)
```

Non preoccuparti: il messaggio dice che 0 righe sono interessate ma è fuorviante poiché il messaggio è uguale anche se la tabella contiene molte righe. Scoprirai che la tabella è stata definitivamente cancellata. È possibile utilizzare la frase `IF EXISTS` per evitare errori. Proviamo a cancellare di nuovo la tabella:

```
mysql> DROP TABLE IF EXISTS cliente;
```

```
Query OK, 0 rows affected (0.03 sec)
```

Per cancellare più tabelle puoi usare la virgola per separare i loro nomi:

```
mysql> DROP TABLE IF EXISTS cliente,
conto;

Query OK, 0 rows affected (0.03 sec)
```

Capitolo 6: Aggiungere condizioni
WHERE

Questa sezione introduce la clausola WHERE e spiega come utilizzare gli operatori per scrivere espressioni. Userai WHERE nelle istruzioni SELECT e anche in altre istruzioni come UPDATE e DELETE. La clausola WHERE è un potente strumento che consente di scegliere quali righe vengono restituite da un'istruzione SELECT.

Lo usi per restituire righe che corrispondono a una condizione, ad esempio un valore di una colonna che corrisponde esattamente a una stringa, un numero maggiore o minore di un valore o una stringa che è il prefisso di un'altra.

Quasi tutti i nostri esempi in questo capitolo contengono clausole WHERE e acquisirai familiarità con essa.

L'esempio più semplice è quello in cui si cerca la corrispondenza esatta con un valore. Considera un esempio in cui vogliamo scoprire i dettagli del cliente con identificativo pari a 1. Ecco cosa digiterai:

```
mysql(banca) > select * from cliente
where cliente_id = 1;
--------------------------------------------
----
| cliente_id | nome       | cognome   |
aggiornamento        |
--------------------------------------------
------------
|          1 | Antonio  | Rossi     |
2020-02-15 05:02:19 |
--------------------------------------------
----
1 rows in set (0.00 sec)
```

MySQL restituisce tutte le righe che corrispondono ai nostri criteri di ricerca, in questo caso solo una riga e tutte le sue colonne. Proviamo a cercare il nome del cliente con identificativo pari a 1:

```
mysql(banca) > select nome from cliente
where cliente_id = 1;

-------------

| nome      |

-------------

| Antonio   |

-------------

1 rows in set (0.00 sec)
```

Per i numeri, gli operatori usati di frequente sono uguale a (=), maggiore di (>), minore di (<), minore o uguale (<=), maggiore o uguale (> =) e diverso (<> o !=). Nota che puoi usare <> o != per verificare una disuguaglianza e puoi usare questi stessi operatori per le stringhe.

Per impostazione predefinita, i confronti tra stringhe non fanno distinzione tra maiuscole e minuscole e utilizzano il set di caratteri corrente. Per esempio:

```
mysql(banca) > select nome from cliente
where nome < B;

-------------

| nome      |

-------------

| Antonio   |

-------------

1 rows in set (0.00 sec)
```

Un altro compito molto comune che vorresti eseguire con le stringhe è trovare corrispondenze che iniziano con un prefisso, contengono una stringa o terminano con un suffisso. Ad esempio, potresti trovare tutti i nomi dei clienti che iniziano con la parola

"Ant". Puoi farlo con l'operatore `LIKE` in una clausola `WHERE`. Vediamo un esempio in cui stiamo cercando tutti i clienti con il nome che inizia per "Ant":

```
mysql(banca) > select nome from cliente
where nome like '% Ant%';

------------

| nome      |

------------

| Antonio   |

------------

1 rows in set (0.00 sec)
```

La clausola `LIKE` viene utilizzata con le stringhe e significa che una corrispondenza deve soddisfare il modello nella stringa che segue. Nel nostro esempio, abbiamo utilizzato `LIKE "% Ant%"`, il che significa che la stringa contiene "Ant" può essere preceduta o seguita da zero o più caratteri.

La maggior parte delle stringhe utilizzate con `LIKE` contengono il carattere percentuale (%) come carattere jolly che corrisponde a tutte le stringhe possibili. Puoi anche usarlo per definire una stringa che termina con un suffisso. Ad esempio, nel nostro caso troverà corrispondenza "Antonio" ma sarebbe stato valido anche "Marco Antonio".

Capitolo 8: Limitare i risultati

LIMIT

La clausola `LIMIT` è uno strumento SQL utile e non standard che consente di controllare quali righe vengono emesse. La sua forma di base consente di limitare il numero di righe restituite da un'istruzione `SELECT`, utile quando si desidera limitare la quantità di dati comunicati su una rete o di output sullo schermo. Potresti usarlo, ad esempio, per ottenere un campione dei dati dalla tabella come abbiamo fatto noi. Ecco un esempio:

```
mysql(banca) > select * from cliente
limit 2;
---------------------------------------
----
| cliente_id | nome      | cognome   |
aggiornamento        |
---------------------------------------
-----------
```

```
|               1 | Antonio  | Rossi     |
2020-02-15 05:02:19 |
|               3 | Ludovica | Verdi     |
2020-02-15 05:02:19 |
--------------------------------------------
----
2 rows in set (0.00 sec)
```

La clausola `LIMIT` può avere due argomenti. Con due argomenti, il primo argomento specifica l'offset della prima riga da restituire e il secondo specifica il numero massimo di righe da restituire. Supponiamo di volere cinque righe ma di volere che la prima visualizzata sia la sesta riga del set di risposte avremmo qualcosa di simile:

```
mysql(banca) > select * from cliente limit 5, 5;
```

L'output sarà composto dalla riga 6 alla 10 della query `SELECT`. C'è una sintassi alternativa che potresti vedere per la parola chiave `LIMIT`: invece di scrivere `LIMIT 10,5`, puoi scrivere `LIMIT 10 OFFSET 5`.

Capitolo 9: Combinare più tabelle

JOIN

Finora abbiamo lavorato con una sola tabella nelle nostre query `SELECT`. Tuttavia, hai visto nel modello ER, che un database relazionale è tutto incentrato sul lavoro con le relazioni tra le tabelle per rispondere alle esigenze di informazione.

La sintassi che usiamo qui è `INNER JOIN`, che nasconde alcuni dettagli ed è la più facile da imparare. Come funziona? L'istruzione ha due parti: in primo luogo, due nomi di tabella separati dalle parole chiave `INNER JOIN`; in seguito, con la parola chiave `ON` si indica quale colonna (o colonne) contiene la relazione tra le due tabelle. Nel nostro esempio, le due

tabelle da unire sono `citta` e `paese`, **espresse
come** `citta INNER JOIN paese` **(di base, non
importa in quale ordine elenchi le tabelle
quindi invertendo le tabelle si ha lo stesso
effetto).**

Ecco come è composta la tabella `citta`:

```
mysql(banca) > select * from citta;
-----------------------------------------
--------------------------+
| citta_id | nome_citta           |
paese_id | aggiornamento        |
-----------------------------------------
--------------------------+
|        1 | A Corua (La Corua)   |
87 | 2006-02-15 04:45:25 |
|        2 | Abha                 |
82 | 2006-02-15 04:45:25 |
|        3 | Abu Dhabi            |
101 | 2006-02-15 04:45:25 |...
|      599 | Zhoushan             |
23 | 2006-02-15 04:45:25 |
|      600 | Ziguinchor           |
83 | 2006-02-15 04:45:25 |
-----------------------------------------
--------------------------+
600 rows in set (0.00 sec)
```

La tabella paese è semplicemente associa un identificatore univoco ad ogni paese.

```
mysql (banca) > select nome_citta, paese
from citta INNER JOIN paese using
(paese_id)
    -> WHERE paese.paese_id < 5;
-----------------------------+
| citta     | paese          |
-----------------------------+
| Kabul     | Afghanistan    |
| Batna     | Algeria        |
| Bchar     | Algeria        |
| Skikda    | Algeria        |
| Tafuna    | American Samoa |
| Benguela  | Angola         |
| Namibe    | Angola         |
-----------------------------+
7 rows in set (0.01 sec)
```

Se la condizione di join utilizza l'operatore uguale (=) e i nomi delle colonne in entrambe le tabelle utilizzate per la corrispondenza sono gli stessi, è possibile utilizzare invece la clausola USING.

Come abbiamo visto nell'esempio precedente, tutti gli operatori sono supportati quando si utilizza INNER JOIN, ad esempio, abbiamo utilizzato la condizione WHERE e la clausola LIMIT.

Devi sapere, inoltre, che esistono delle funzioni che puoi utilizzare per aggregare i valori. Supponi di voler contare quante città italiane sono nel nostro database. Puoi farlo contando il numero di righe usando la funzione COUNT().

```
mysql  (banca) > select count(1) FROM
citta INNER JOIN paese ON citta.paese_id
= paese.paese_id WHERE paese.paese_id =
49;
----------
| count(1) |
----------
|        7 |
----------
1 row in set (0.00 sec)
```

Capitolo 10: Ordinare i risultati
ORDER BY

Finora abbiamo discusso come scegliere le colonne e le righe restituite come parte del risultato della query ma non come controllare la modalità di visualizzazione del risultato. In un database relazionale, le righe di una tabella formano un insieme. Non c'è un ordine intrinseco tra le righe, quindi, dobbiamo chiedere a MySQL di ordinare i risultati se li vogliamo in un ordine particolare.

In questa sezione viene spiegato come utilizzare la clausola ORDER BY per eseguire questa operazione. L'ordinamento non ha alcun effetto su ciò che è memorizzato nelle

tabelle e influisce solo sull'ordine in cui
vengono mostrati i risultati.

Supponiamo di voler restituire un elenco dei
primi dieci clienti nel database banca, ordinati
in ordine alfabetico in base al nome. Ecco
cosa digiteresti:

```
mysql (banca) > select nome from clienti
    -> order by nome
    -> limit 10;
-------------
| nome       |
-------------
| ALBERTO    |
| BRUNO      |
| CLAUDIO    |
| FRANCESCO  |
| GIOVANNI   |
| MICHELE    |
| ORAZIO     |
| PASQUALE   |
| ROBERTO    |
| VINCENZO   |
-------------
10 rows in set (0.01 sec)
```

La clausola ORDER BY indica che l'ordinamento
è obbligatorio, seguito dalla colonna da

utilizzare come chiave di ordinamento. In questo esempio, abbiamo ordinato per nome in ordine alfabetico crescente. L'ordinamento predefinito non fa distinzione tra maiuscole e minuscole e si tratta dell'ordine crescente, MySQL ordina automaticamente in ordine alfabetico perché le colonne sono stringhe di caratteri. Il modo in cui le stringhe vengono ordinate è determinato dal set di caratteri e dall'ordine di confronto utilizzati.

Se necessario è possibile usare la parola chiave DESC per invertire l'ordinamento:

```
mysql (banca) > select nome from clienti
    -> order by nome DESC
    -> limit 10;
--------------
| nome        |
--------------
| VINCENZO    |
| ROBERTO     |
| PASQUALE    |
| ORAZIO      |
| MICHELE     |
| GIOVANNI    |
| FRANCESCO   |
| CLAUDIO     |
```

```
| BRUNO      |
| ALBERTO    |
--------------
10 rows in set (0.01 sec)
```

Capitolo 11: MySQL & PHP

Non è stato un caso averti fatto installare XAMPP perché in questo modo hai già avuto un assaggio di PHP e MySQL applicati al web. Questo connubio è davvero importante perché molto diffuso e ben consolidato.

È molto importante potersi collegare al database tramite un linguaggio di programmazione lato serve come lo è PHP. Questo rappresenta uno dei compiti principali di un sito Web dinamico ed esistono due possibilità per collegare codice PHP a MySQL:

- mysqli è un'estensione resa disponibili a partire da PHP 5.0 che consente un approccio orientato agli oggetti anche se mantiene la possibilità di usare l'approccio procedurale;

- l'uso dell'estensione PDO che è l'acronimo di PHP Data Objects che, come suggerisce il nome, può essere usata solo in modalità completamente orientata agli oggetti e mai in modo procedurale.

La principale differenza tra questi metodi è che tramite PDO è possibile collegarsi a diversi DBMS e non solo a MySQL, come avviene nel caso di mysqli. Tramite PDO è possibile collegarsi in modo semplice a database come DB2, Microsoft SQL Server, Oracle, PostgreSQL SQLite e tanti altri.

Probabilmente ti starai chiedendo quale scegliere, se il tuo progetto deve essere facilmente compatibile con diversi DBMS, PDO è quasi una scelta obbligata. Un altro aspetto da tenere in considerazione riguarda la possibilità di assegnare dei nomi ai parametri indicati nelle prepared statements senza usare il formalismo dettato da mysqli che è legato ai placeholders.

La classe mysqli

Nel nostro caso, trattandosi di un progetto di test, useremo la classe mysqli perché si integra meglio con il database MySQL e permette l'uso di due approcci diversi: procedurale ed orientato agli oggetti.

Non ci sono differenze significative a livello di prestazioni tra questi due approcci ma è indubbio il fatto che il codice orientato agli oggetti è più facile da comprendere e più facile da riusare. Questo è legato proprio alla sua natura ovvero allo scomporre i problemi in parti atomiche facilitando la risoluzione di problemi, le modifiche così come un'estensione delle funzionalità. Oltre a questi motivi, è molto più facile lavorare in team sfruttando un approccio OOP.

Apertura e chiusura della connessione

La prima cosa da fare quando si inizia a lavorare con mysqli è istanziare la classe andando a specificare i parametri del costruttore di mysqli. Possiamo specificare i nostri parametri o scegliere se usare quelli di default per aprire una connessione con MySQL. La connessione serve per stabilire un canale attraverso il quale poter eseguire le query come creazione di tabelle, interrogazioni, aggiornamenti, cancellazioni e tanto altro.

Vengono utilizzati due metodi `connect_error()` e `connect_errno()` per verificare che la connessione sia avvenuta con successo:

```php
<?php
```

```php
$mysqli = new mysqli('localhost',
'username', 'password',
'nome_database');
if ($mysqli->connect_error) {
  die('Errore di connessione (' .
$mysqli->connect_errno . ') '. $mysqli-
>connect_error);
} else {
  echo 'Connessione avvenuta. ' .
$mysqli->host_info . "\n";
}
?>
```

In questo modo è possibile aprire una connessione e viene creato un nuovo oggetto. In caso di errore l'esecuzione del codice viene interrotta stampando a schermo una descrizione accompagnata da un codice di errore che ci sono utili per l'identificazione del problema. Qualora la connessione dovesse andare a buon fine il metodo `host_info` ci restituirà delle informazioni sul database.

I parametri di input sono cinque in totale, il primo è l'host ovvero l'indirizzo della macchina su cui è in esecuzione MySQL, di solito si usa l'indirizzo IP o, se si sta lavorando in locale, sarà pari a `localhost`. Il secondo parametro è il nome utente abilitato all'accesso al database, seguito dalla relativa password. Infine, è necessario passare il nome del database e, in modo opzionale, fornire la porta (di solito è impostata su 3306) e il socket utili per la connessione.

Di solito, come abbiamo visto per XAMPP lo sviluppo in locale presenta già un ambiente completo quindi non dovresti preoccuparti di questi ultimi due aspetti, tuttavia, è bene saperlo per effettuare configurazioni e prevenire errori.

Presta attenzione prima di portare il tuo codice in produzione infatti, solo per la fase di sviluppo, abbiamo usato il metodo `die()` e fornito informazioni sul sistema. Questo approccio è sconsigliato in produzione perché potrebbe dare informazioni a malintenzionati sulle tecnologie usate, informazioni importanti per le eventuali vulnerabilità connesse.

Eseguire le query SQL

Il modo migliore per imparare è scrivere codice, anche se semplice. Si inizia spesso da applicazioni banali per poi farle evolvere in qualcosa di più complesso. In questo caso creeremo il database per la gestione di una videoteca quindi opereremo su film ai quali potranno accedere solo gli utenti abilitati al database.

Per iniziare creiamo la connessione al DBMS ma senza specificare il nome del database perché lo andremo a creare dal codice PHP:

```php
<?php
$mysqli = new mysqli('localhost',
'root', 'password');
if ($mysqli->connect_error) {
    die('Errore di connessione (' .
$mysqli->connect_errno . ') '. $mysqli-
>connect_error);
}
// Creo il database
$mysqli->query("CREATE DATABASE
videoteca");
```

```php
// Seleziono il database
$mysqli->query("USE videoteca");
?>
```

Come vedi è tutto molto semplice e tutto viene svolto grazie al metodo `query()` che accetta la query scritta in SQL per restituire il valore `true` tranne in caso di errori. Con questo metodo abbiamo creato e selezionato il nostro database.

Qualora ci fossero problemi nella creazione del database è possibile usare il metodo `error` per ottenere la stringa di errore e risolvere il problema:

```php
<?php
$mysqli = new mysqli('localhost',
'root', 'password');
if (!$mysqli->query("CREAT DATABASE
videoteca")) {
    die($mysqli->error);
}
?>
```

In questo caso manca una lettera alla prima parola dell'istruzione quindi la creazione del database non può andare a buon fine. MySQL fornisce un errore che ti aiuta a risolvere l'errore infatti restituisce:

```
You have an error in your SQL syntax;
check the manual that corresponds to
your MySQL server version for the right
syntax to use near 'CREAT DATABASE
videoteca' at line 1
```

Così come abbiamo creato e selezionato il database, è possibile creare la tabella relativa ai film:

```php
<?php
$mysqli = new mysqli('localhost',
'root', 'password');
if ($mysqli->connect_error) {
    die('Errore di connessione (' .
$mysqli->connect_errno . ') '. $mysqli-
>connect_error);
}
// Creo il database
$mysqli->query("CREATE DATABASE
videoteca");

// Seleziono il database
```

```php
$mysqli->query("USE videoteca");

// creazione della tabella per i film
$mysqli->query("CREATE TABLE 'film'
   ('id' INT(5) NOT NULL AUTO_INCREMENT,
    'regista' VARCHAR(40) NOT NULL,
    'titolo' TEXT NOT NULL,
    'anno' SMALLINT(2) NOT NULL,
    PRIMARY KEY ('id'))");
?>
```

In questo caso l'identificativo della tabella è un valore univoco che viene creato automaticamente dal DBMS e grazie a questo valore potremo collegare le tabelle evitando la ridondanza dei dati.

Ora che abbiamo la struttura della nostra tabella possiamo inserire dei dati per popolare la nostra videoteca. Questa operazione simula l'inserimento dei dati da parte di un operatore:

```php
<?php
$query = "INSERT INTO film (regista,
titolo, anno) VALUES ('Q. Tarantino',
'Sin City', 2005)";
```

```php
// Esecuzione della query e controllo
degli eventuali errori
if (!$mysqli->query($query)) {
  die($mysqli->error);
}
?>
```

Qualora non fosse possibile inserire questa riga il metodo `query` restituirebbe `false` con il relativo messaggio di errore. È possibile usare anche i metodi `affected_rows` e `insert_id` per recuperare il numero di righe generate l'identificativo dell'ultima riga inserita.

Il fetching dei risultati

Per recuperare i valori inseriti possiamo usare il metodo `query` passando i valori delle clausole WHERE come segue:

```php
<?php
$regista = "pippo"; // Normalmente
questo valore sarebbe ottenuto tramite
POST
$query = $mysqli->query("SELECT * FROM
film WHERE regista = '$regista'");
// Esecuzione della query e controllo
degli eventuali errori
if (!$mysqli->query($query)) {
  die($mysqli->error);
}
?>
```

Questo tipo di estrazione dei dati ci espone a dei problemi di sicurezza, infatti, è possibile iniettare del codice malevolo compromettendo il corretto funzionamento del nostro sistema. Purtroppo, questo tipo di errori sono ancora molto diffusi quindi se dovessi notare qualcosa di simile nel codice che leggi, saprai che puoi risolvere il problema con le prepared statements. Grazie a questo nuovo approccio possiamo garantire una maggiore sicurezza e performance migliori.

Per usare le prepared statements dobbiamo solo sostituire con un placeholder il valore della variabile:

```php
<?php
$query = $mysqli->prepare("SELECT * FROM film WHERE regista = ?");
?>
```

In questo modo stiamo separando l'SQL dai dati, questo disaccoppiamento contribuisce ad aumentare la sicurezza del sistema. Per associare i dati alla query ci basta invocare il metodo bind_param come segue:

```php
<?php
$regista = "pippo";
$query = $mysqli->prepare("SELECT * FROM film WHERE regista = ?");
```

```php
$query->bind_param('s',$regista);
?>
```

Il primo valore di questo nuovo metodo può assumere diversi valori: `'s'` per le stringhe, `'i'` per gli interi, `'d'` per double e `'b'` per i binari.

Qualora fosse necessario legare più dati si può aggiungere alla stringa del primo argomento il corretto tipo di dato.

Il secondo valore contiene il dato da associare e ricorda che non si possono usare valori statici così come bisogna prestare attenzione alla posizione dei parametri.

Detto ciò, si può eseguire la query:

```php
<?php
$regista = "pippo";
$query = $mysqli->prepare("SELECT * FROM film WHERE regista = ?");
$query->bind_param('s',$regista);
$risultato = $query->execute();
?>
```

Adesso nella variabile di nome `risultato` avremo l'esito dell'operazione.

Conclusione

Tutto questo non è solo che un'introduzione a MySQL applicato al Web perché esistono davvero tanti casi diversi e te ne accorgerai man mano che sviluppi il tuo progetto. Spesso si fa fatica ad immaginare il proprio database o la propria applicazione, ma giorno dopo giorno, pezzo dopo pezzo, vedrai che prenderà forma.

Alcuni argomenti non sono stati trattati per rendere più scorrevole la lettura e non appesantire il libro ma puoi fare sempre riferimento al manuale MySQL in modo da trovare tutte le informazioni necessarie e aggiornate. Ti consiglio di usare sempre l'ultima versione disponibile del database, aggiornandola se necessario.

Ricorda, prima di effettuare qualsiasi operazione sul database, effettua sempre un backup in modo da poter recuperare i tuoi dati in qualsiasi momento!